山腰上的中国

红旗渠

杨震林◎著

北京联合出版公司
Beijing United Publishing Co.,Ltd.

图书在版编目（CIP）数据

山腰上的中国：红旗渠 / 杨震林著 . -- 北京：北京联合出版公司，2021.4（2025.1 重印）
ISBN 978-7-5596-5125-9

Ⅰ . ①山… Ⅱ . ①杨… Ⅲ . ①思想政治教育—中国—通俗读物 Ⅳ . ① D64-49

中国版本图书馆 CIP 数据核字（2021）第 045522 号

山腰上的中国：红旗渠
作　　者：杨震林
出 品 人：赵红仕
产品经理：万红雪
责任编辑：牛炜征
版式设计：张　敏
责任编审：赵　娜

北京联合出版公司出版
（北京市西城区德外大街 83 号楼 9 层 100088）
北京华景时代文化传媒有限公司发行
北京中科印刷有限公司印刷　　新华书店经销
字数 232 千字　　710 毫米 ×1000 毫米　　1/16　　18 印张
2021 年 4 月第 1 版　　2025 年 1 月第 7 次印刷
ISBN 978-7-5596-5125-9
定价：59.80 元

红旗渠很有教育意义，大家都应该来看看。

——习近平

在党的领导下，林县人民以愚公移山、精卫填海的气魄重新安排林县河山，同时孕育出了“自力更生、艰苦创业、团结协作、无私奉献”的红旗渠精神。红旗渠并不仅仅是一条物质意义上的石砌水渠，更是一条承载着价值追求、凝结着勇气智慧、蕴含着创新创造、流淌着奋斗气质的精神之渠。（拍摄 / 梁雪山）

拍摄 / 彭新生

我为什么会写红旗渠?

我为什么会写红旗渠?

这几年来我一直在思考这个问题。

2004年春天，我即将结束硕士研究生阶段的学习，准备继续攻读博士研究生，当时就选定以红旗渠为研究对象撰写博士论文。初步想法是，通过讲述“红旗渠是如何建成的”这个“人定胜天”的故事，描摹“站起来”的中国人民豪情满怀治山治水建设新社会的图景，从中透视新中国乡村政治运作和社会治理的逻辑。后来我无心插柳通过了公务员考试，同时也考取了博士研究生，于是改为在职攻读博士学位。真正的个案研究必须经过长时间的田野调查，刚参加工作的我诸事繁多，显然不具备这样的条件，只能放弃对红旗渠的研究而改做其他选题。

2017年后，美国持续加强对我国的经济遏制和科技打压，正在快速发展的中国面临巨大的外部压力。随着国际形势的变化，丢掉幻想、迎难而上逐渐成为社会共识。我意识到此时的中国需要独立自主加快发展，自力更生、艰苦创业、团结协作、无私奉献的红旗渠精神越发值得大力弘扬。我翻阅了不少红旗渠题材的出版物，感觉精品不多，与新时代要求还有距离。我特意邀请了几位作家朋友到红旗渠考察，希望他们能借此机会写点儿东西，好好讲一下红旗渠故事，传播红旗渠精神。后来朋友们因种种原因迟迟未能动笔，此事暂时搁浅。

2020年的春节，大年初一下午，我和友人驱车几十公里，深入山西境内寻访红旗渠的源头。站在红旗渠渠首被浊漳河水雕刻的河床上，我环顾群山，身心澄净，突然萌生出为红旗渠写作的念头。第二天，大年初二，因河南疫情封控，当天我就返回了北京，随后开启了红旗渠研究和写作的历程。持续的疫情让社会静了下来，也给了我深入读书、思考和写作的时间。历经大半年的“熬”作，中间几度想放弃，年底时我终于草就了书稿，定名为“山腰上的中国：红旗渠”。

《山腰上的中国：红旗渠》2021年4月上市后反响不错，连续加印多次，几年来一直持续销售。“学习强国”学习平台将其制成有声读物广泛传播，收听量超过了150万。“喜马拉雅”等平台上也有人上传自己朗读此书的作品，收听量也在50万以上。不少地方和单位将此书作为开展读书活动时的用书，有的还选取部分片段进行诵读。读者的厚爱大大超出我的预料，令我非常感动。2025年是红旗渠总干渠通水60周年，值此重要时刻，我对书中部分内容做了必要修改，增加了部分文字和精美图片，推出60周年纪念版，再次向红旗渠建设者致敬。

写作此书我是用情用心用力的，力求叙事生动、事实准确、开卷有益。该书的语言文字比较流畅，读起来不那么枯燥费力，红旗渠的故事表述也相对生动，红旗渠精神是“自然生长”的，可亲可近可学。此外还多了一点儿学理上的思考，比如提出了“红旗渠三问”的分析框架，即“为什么要修建红旗渠”“为什么敢上马红旗渠”“为什么能修成红旗渠”，帮助大家深入了解红旗渠的建设过程和红旗渠精神的生长过程，学习起来更有线索感、收获感。由于自己才疏学浅，又是首次写书，虽自认为还算努力认真，但总归还是力有不逮，留有不少遗憾，如书的后半部分故事性不强、语言不够流畅等。不过从传播效果上看，也算是为宣传家乡、弘扬红旗渠精神做了一些努力，总归是不虚一写。

但我深知，自己之所以写红旗渠，并不仅仅是因为我是一个林州人，有宣传林州、弘扬红旗渠精神的义务，而更多源于对中国发展的思考。我在后记中写道：“此书缘起于美国打压中兴、华为之际，动笔于新冠疫情之初，初成于疫情肆虐和美国步步紧逼之下，成稿于全国成功战胜新冠疫情，经济、社会恢复正常之时。从某种意义上说，此书是应时而作，遇难成形。”这几年来日益严峻的外部环境，让我们逐步意识到丢掉幻想、努力奋斗的重要性，意识到自力更生、艰苦奋斗的现实性，意识到团结一致、无私奉献的必要性，同时也更切身领会到习近平总书记指出的“红旗渠精神是我们党的性质和宗旨的集中体现，历久弥新，永远不会过时”的深刻含义。如今的中国正在爬坡过坎、抢关夺隘，踔厉奋进强国复兴新征程，更需要党的坚强领导，更需要红旗渠精神激励前行。

千磨万击更坚劲，唯见精神耀长空。我们激动地看到，山腰上的中国始终保持足够的定力，坚持深化改革开放，坚持科技自主创新，不屈服、不抱怨、不停歇，全力跟时间赛跑，奋力实现了一个又一个目标。福建舰、歼 –35、东风 –51 洲际导弹、第六代战机等大国利器强壮了祖国的肌体，“嫦娥六号”返回器成功从月背带回珍贵的月壤，华为、大疆、中芯国际等优秀企业昂首顶住外部压力，塔克拉玛干沙漠历经四十年治理终于“锁边”成功，等等。这些成就取得的背后，是无数人卧薪尝胆、埋头苦干、奋力拼搏，是延安精神、太行精神、红旗渠精神等中国精神在新时代流光溢彩、接力传承。

“立下愚公移山志，敢教日月换新天”。红旗渠之所以能够走出河南，走向全国、走向世界，成为新中国的一张重要名片，就是因为它是中国人自力更生、艰苦奋斗建设社会主义的生动记载，集中体现了中国人民不认命、不服输、战天斗地的精神。红旗渠是一个时代的写照和缩影，是党领导人民誓把河山重安排的豪迈乐章。红旗渠精神同延安精神一脉相承，是中华民族不可磨灭的历史记忆，是干事创业的精神，已经镌刻在中国人的文化基因里，永不磨灭，历久弥新。

习近平总书记指出，红旗渠很有教育意义，大家都应该来看看。当下，越来越多的人更加喜爱红旗渠，越来越多的人学习、感悟、弘扬红旗渠精神，因为我们正在奋力开创一个伟大的新时代，勠力同心建设一个现代化强国，需要自力更生、艰苦创业、团结协作、无私奉献，更需要红旗渠精神激励我们去不断创造一个又一个“红旗渠”。

最好的纪念是传承，最好的传承是笃行。每个人心中都有自己的“红旗渠”，相信新时代的我们一定行。

红旗渠永在，奋斗者永恒！

2024 年 12 月 30 日

原版前言

人们常说，了解中国历史，百年看上海，千年看北京，三千年看陕西，五千年看山西。这些耳熟能详的文化地标无疑代表着中国灿烂文明的各个峰值，透过他们斑驳的身影，我们可以触摸到历史深处的中国，看清我们的来路。

20世纪的中国最是波澜壮阔，十月革命一声炮响给中国送来了马克思主义，应运而生的中国共产党历尽艰辛、不懈奋斗，打碎了一个旧世界又创造了一个新社会，在深刻改变中国的同时也深深改变着世界。如果要深入了解这一百年里中国大地上开天辟地、改天换地、翻天覆地的变化，洞悉中国共产党人是如何带领人民站起来、富起来、强起来的秘密，仅仅关注那些显赫的历史文化地标显然不够，历史的深层脉络常常潜藏在平凡细处，细剖一只有代表性的“麻雀”反而更有意义。

河南省林县（今林州市）的红旗渠就是一只不错的“麻雀”。

林县足够“普通”。如果我们把目光投向晋冀豫交界处，就会发现这个地处南太行东麓、漳河之南的山区小县实在是平常无奇。它没有可以傲骄的自然禀赋能靠山吃山、靠水吃水，也没有彪炳千古的厚重文化以涵养文脉、厚植英才，更没有影响历史进程的宏大事件可为后人追思。倘若没有后来红旗渠的横空出世，它很有可能会悄然无声地泯然于中国近三千个县里。但正因为它足够普通，也就具有了中国乡村的代表性，具备了个案研究的价值。它境内有高山深谷，也有河流丘陵，有干旱缺水的山岭，也有肥沃平坦的盆地。它西倚太行，东接平原，北枕漳水，南望黄河，既有纯朴豫风的底蕴，也有务实晋风的浸润，还有烈烈赵风的遗存。这里还是敌后抗战的前线、解放较早的老区，百年来经历过动荡巨变，也经受了血与火的革命洗礼。如果选择一个能够代表中国乡村社会的“解剖”样本，借此深入研究新中国成立后发生的历史巨变，那么各方面都适“中”的林县完全可以胜任。

红旗渠也足够“典型”。新中国成立后，迅速发展生产、恢复国民经济是新生的人民政权必须着力解决的治理任务，发动群众治山治水成为那个激情燃烧岁月的主旋律。红旗渠是20世纪60年代林县县委领导全县人民，历时十年在太行山上修建的一条“人工天河”。它成功地让浊漳河水翻山越岭流入“十年九旱、水贵如油”的林县，彻底解决了困扰人们数百年的缺水难题，改变了“靠天吃饭”的境地，让饱受苦难的林县人民升腾起追梦圆梦的勇气。抗日战争时当地党组织和八路军就有过发动群众修渠引水纾旱的探索，新中国成立后各级党组织更是积极响应党中央号召，带领广大群众大规模治山治水，“重新安排林县河山”，努力改变贫瘠落后的面貌。红旗渠成功建成，使林县彻底告别了缺水的历史，农业产值迅速位居全国前列，开启了通向幸福生活的大道通衢，更留下了一面“自力更生、艰苦创业、团结协作、无私奉献”的精神旗帜，激励着人们在改革开放大潮中不懈奋斗，一步步把“土气”的旧林县建设成为现代化的新林州。

为人民谋幸福、为民族谋复兴，是中国共产党的初心和使命，早已写在旗帜上，镌刻在道路上。如果说百年林县的社会变迁是中国乡村迈向现代化的一个生动缩影，那修建红旗渠就是党领导人民群众奋发有为、实现初心使命的时代见证。毛泽东同志告诉我们：“我们应当相信群众，我们应当相信党，这是两条根本的原理。”惊艳问世的红旗渠，就是党相信群众、群众相信党，齐心协力、共同奋斗创造出的人间奇迹。

山高路远、工程浩大，林县为什么要修红旗渠？三年困难时期条件艰苦，林县凭什么敢上马红旗渠？跨省调水、劈山造渠不容易，仅凭双手和简陋工具，林县人民为什么能够修成红旗渠？“为什么要”“为什么敢”“为什么能”，串起来回答就是中国共产党人不忘初心、牢记使命的奋斗历程，串起来呈现的就是中华儿女自力更生、艰苦创业、团结一致向前看的精神气质。

红旗渠是新中国朝气蓬勃、奋发有为的一个缩影，也是“幸福是奋斗出来的”生动而具体的诠释。“土气”的旧林县一步步蜕变为现代化的新林州的过程，描摹勾勒的正是中国乡村大步迈向现代化的奋斗图景。仔细端详红旗渠的面容，感知新林州的脉动，我们可以从中管窥中国的过去，知悉中国的当下，透视中国的未来。

物质意义上的红旗渠屹立于太行山腰，彰显着新中国建设者的力量与气质。精神意义上的红旗渠流动着中华民族自立自强、永不停歇的奋斗精神，激励着身处山腰的我们，努力攀登更高的山峰。如今我们已经实现了全面建成小康社会的第一个百年目标，正全力以赴向第二个百年目标迈进，蜿蜒盘旋于太行山腰的红旗渠，难道不是山腰上的中国最为形象生动的展示？

时势造就英雄，英雄也造就时势。中国共产党人治国理政的重要经验，就是秉持人民利益至上，冷静判断时与势，郑重确定阶段性目标任务，然后带领人民去努力奋斗、创造历史。当前，百年大变局叠加全球大疫情，新一轮科技革命和产业变革影响深刻，经济全球化遭遇逆流加剧世界动荡不宁，有效应对国内外环境的深刻复杂变化，我们更需要初心如磐的定力和攻坚克难的勇气。

党的十九届五中全会明确指出，我国已经进入全面建设社会主义现代化国家、向第二个百年奋斗目标进军的新发展阶段，坚定不移贯彻创新、协调、绿色、开放、共享的新发展理念，加快构建以国内大循环为主体、国内国际双循环相互促进的新发展格局，正是我们迎接挑战、战胜困难、继往开来的法宝武器。新阶段、新理念、新格局，不懈奋斗就是我们最鲜明的时代主题。

“初心如磐，虽百年犹未老；使命在肩，一世纪正青春。”山腰上的中国，我们一直在努力。

拍摄 / 彭新生

拍摄 / 李俊生

目录

红旗渠是20世纪60年代林县（今林州市）人民在极其艰难的条件下，花费十年之功，从山西省平顺县引浊漳河水，在陡峭的太行山上修建的大型水利工程。（拍摄 / 彭新生）

第一章 红旗渠源

新中国有两大奇迹，一个是南京长江大桥，一个是林县红旗渠。

——周恩来

1960年2月11日，农历正月十五，豫西北太行山东麓的林县仍是春寒料峭、残雪未消，全然没有一点儿春天的味道。乘着曙光微明，3.7万人涌出了村庄寨堡，肩扛各式工具，自带干粮行李，红旗迎风招展，汇成了一支浩浩荡荡的强大洪流，直奔晋、冀、豫交界处的浊漳河畔。

60年后的2020年1月25日，农历正月初一，我与友人一起，在新春第一天灿烂的正午阳光里，沿着当年修渠人走过的路线，怀着无比崇敬之情，驱车百里由豫入晋，去寻访“人工天河”红旗渠的源头。

20世纪70年代，周恩来总理曾无比自豪地对国际友人说：“新中国有两大奇迹，一个是南京长江大桥，一个是林县红旗渠。”南京长江大桥横亘于浩渺长江之上，是新中国集全国之力拼搏攻关的国家工程。红旗渠盘桓于太行山腰、浊漳河畔，是林县人民自力更生、艰苦创业的奋斗硕果。两者一南一北、遥相呼应，诠释了朝气蓬勃的新社会风貌，彰显着百舸争流的新中国气质。

红旗渠是20世纪60年代林县（今林州市）人民在极其艰难的条件下，花费十年之功，从山西省平顺县引浊漳河水，在陡峭的太行山上修建的大型水利工程。60年前正是国民经济三年困难时期，物质条件异常艰苦，以一县之力和简陋工具“劈开太行山、漳河穿山来”，不啻于创造了一个人间奇迹。即便以现在的眼光看，能够在太行山上建成如此宏伟的工程，也是一件了不起的壮举。2013年9月23日，红旗渠以其中国式的设计理念和极其环保的设计方式，荣获“北京国际设计周”设计大奖中最具分量的“经典设计奖”。2019 年 9 月 25 日，新中国“最美奋斗者”表彰大会在北京举行，红旗渠建设者（集体）被党和国家授予新中国“最美奋斗者”的称号。红旗渠以其独特的魅力再次吸引了世人的目光。

红旗渠建成后，国际友人纷纷给予很高的赞誉，称它为“世界第八大奇迹”“中国的水长城”“太行山上的蓝色飘带”等，周恩来总理亲切地称之为“人工天河”。我个人觉得，“人工天河”的比喻更为贴切，既鲜明地点出了红旗渠凝聚了劳动人民的智慧力量，又形象直观地说明了它是一条悬于太行山腰的人工长河。红旗渠是一项惊艳的高山引水工程，也是一座巍然屹立的时代丰碑，记载着一个崭新社会的创造激情和奋斗足迹，是新中国奋斗史中弥足珍贵的财富。

我特意选择与红旗渠开工时间相近的时间节点，沿着当年修渠人走过的路溯流而上去寻访红旗渠源头，主要有两层寓意：

一为纪念。六十年寒来暑往一甲子，三千里沐雨栉风红旗渠。这一媲美南京长江大桥、屹立于太行山腰的新中国奇迹，已经载入史册、化作丰碑，赢得了应有的荣光，我们理应仰视它，认真向其学习。我生长在太行山下，小时候也常到渠边玩耍，可以说是被红旗渠水滋润长大，但遗憾的是，几十年来却从来没有去看过它的源头。我想，寻访它的源头活水，了解它的前世今生，挖掘它背后的故事，传承它蕴含的精神，正是我们不忘本来、缅怀先辈的应有之义。

二为体验。60 年前弯弯曲曲的羊肠小道，如今早已拓宽为柏油通途，但它依山傍河的走势大体上仍是当年的轨迹。山腰上那一块块层层叠叠、紧紧依偎的渠石，也还是半个世纪前的老样子。它们不舍昼夜地护送着浊漳河水缓缓而来又匆匆远去。只有重走当年路，翻山越岭叩石问水，才能体验当年的荒山秃岭、那时的燃烧岁月。只有登临山上长渠，用脚丈量渠岸，用手触摸山石，用心凝视渠水，才能感受当年劈山造渠、重整山河的豪情壮志。

寻源，其实更多的是寻根。观源知流，可以从河流的源头了解河流，在蜿蜒的河道里发现隐伏的力量，在历史的绵延里捕捉不羁的气质。千百年来，河流塑造了人类，人类也在塑造着河流。正是在两者相互作用下，文明的曙光熠熠生辉、薪火相传。

五千年的中华文明，治水串起了治乱兴衰，见证了王朝更替，也形塑了社会肌理。水利是农业社会的命脉，大规模兴修水利、疏解水患离不开强大的社会动员和组织能力。新中国的成立，保证了大规模治水得以有效实施。从这一意义上来说，红旗渠就不单单是一个物质意义上的引水渠，而是了解一个时代、洞悉社会治理的鲜活案例。要深入了解这么一条穿山越岭而来、人工筑就的长渠，就必须溯流而上，近距离感知它的呼吸，用心聆听它的脉动，用科学和理性去咀嚼它承载的希望、蕴含的伟力。

发源于山西省境内的浊漳河正是红旗渠的水源。浊漳河共有三个源头，南源出自山西长子县发鸠山，西源出自沁县漳源镇，北源出自榆社县北。三源合流后转向东南，向东凿穿南太行，从今日的河南省林州市和河北省涉县之间穿过，最后在涉县合漳镇与清漳河汇合，后统称为漳河。漳河现在已经取代黄河成为现代地理中河北、河南两省的分界。

历史上“东流注于河”的漳河是黄河支流。后来黄河几次改道，不再流向东北注入渤海，而是渐趋东南注入黄海。漳河就这样与黄河渐行渐远，最后汇入了海河。漳河南岸几十公里处的河南省内黄县，就是因毗邻黄河而得名。黄河故道沙地适宜种植西瓜，“内黄西瓜”在豫北小有名气。南源经过的上党盆地属黄土高原，水中多含泥沙，汛期时更是浊水奔腾，故被称为浊漳河。

南太行的层层山峦也拦不住浊漳河水一路向东。这一段高山夹峙，峡谷川行，水势跌宕，水流湍急，自古就有“九峡十八断”之称。当地人形象地把河流急剧跌落形成的瀑布称之为“断”。“断”者，既有地势断落之述，也有水势下跌之态，的确比“瀑布”更为传神。红旗渠的引水点，就位于“十八断”之一侯壁断下 600 米处。

汽车左贴高山右依浊漳河一路飞驰，几十年前豫晋道的艰险惊心早已成为历史，便利的交通是改革开放带给当地人的红利。如果没有这条连通豫晋的省级公路（近年来又新修了林州到长治的高速公路），身处茫茫大山之中，山里人别说改变命运，就是走出去都是奢望。得益于当年修建红旗渠，让这条路有了最初的模样。在这里，山上的渠、山脚的路、山下的河紧紧相随，给这一片山地平添了无限希冀。

透过车窗极目远眺，只见大山巍然、层峦叠嶂，层层的山峦由近而远，显得格外苍黄邃远。也许只有这样才能昭示它的威严。就在车行方向左侧几百米的山腰上，一道别样的环状山体在草木掩映中隐约可见，我知道，那就是镶嵌在太行山腰的红旗渠总干渠。

你可能想象不到，这山上的渠水和山下的河水遥遥相距千米，一上一下，相向并行，居然同根同源，流的都是浊漳河水。细细思量，不禁感慨人类的智慧手笔，感叹引水的艰辛不易。

时值冬日，正是水浅草枯之时，加之上游多年来持续加大水利开发力度，眼前的浊漳河水早已不复当年惊涛拍岸的盛况，在冬日懒洋洋的阳光下一副低眉顺眼、单薄纤细的模样。放眼望去，坦荡如砥的宽大河床里，一泓碧水曲曲弯弯，时而丝丝缕缕，时而若隐若现，与两边高耸的堤岸形成了鲜明对比，无形中平添了几分沧海桑田的味道。

北方的河流大多季节性很强，汛期水量往往占了全年水量的七八成，冬天正是水量最少的时候。游客如果此时来访，眼前的浊漳河全然没有半点儿浊浪拍岸的模样，宽堤瘦水的尴尬不免让人意兴阑珊。好在我曾经目睹过汛期里河水奔腾的盛况，所以并未觉得失望，甚至还刻意打量了一下河道的宽度，脑海里遥想着它桀骜不驯、浊浪排空的过往。任谁也想象不到，时空倒流至两千多年前的春秋战国，正是在眼前这条并不起眼的河流顺流而下五十多公里处，上演了一场著名的“西门豹治邺”大戏。

面对经常肆虐横流、泛滥成灾的漳河，时任魏国邺令的西门豹干出了一番惊人之举。当地素有“为河伯娶妻”的陋俗，每年要把一名少女投入河中，以乞求河伯保佑两岸风调雨顺。仪式举办当天，西门豹突然说今年的新娘有点丑，让巫婆下水跟河伯商量，准备择日另选一名美女奉上。巫婆当然是百般不情愿，但最后还是被众人投下了水。岸上的人们久候不见巫婆上来，西门豹又连续派她的几个徒弟下河去催。等了好久仍不见有人回来复命，西门豹似乎非常生气，要剩下的人继续入水去催，直到有结果为止。这一番“神操作”吓坏了在场的一众人等，领头主事者纷纷跪地求饶，承认所谓“河伯娶妻”纯属骗人钱财、糊弄百姓。西门豹就势安抚了一番众人，当众宣布废除这一陋习，然后率领民众开始凿渠导水，最后建成了 12 条长渠，将漳河水成功地引入邺地。这些水渠既能引水灌溉农田、填淤肥田，发生洪涝灾害时还可以将水排入漳河，真正地实现了造福一方、变害为利。

当地人对西门豹感恩戴德，后来专门建祠祭祀这位实干的官员，几千年来香火不断。距离西门豹祠不远，2009 年安阳市安丰乡西高穴村发掘出一个汉代古墓。据《三国志》等史料记载，公元 220 年曹操卒于洛阳，后葬于邺城西门豹祠以西的丘陵中。考古人员最后认定墓主人正是一代枭雄曹操，其中一个最有力的依据，就是此墓与西门豹祠的方位距离符合有关史料记载。

民间传说曹操有“七十二疑冢”，“曹操墓”自发掘以来也饱受争议。我曾经进入过这个墓穴内部参观，里面盗洞累累、触目惊心，随葬物品所剩无几。由于出土文物数量有限，自然也引来不少质疑。但是我想，除非再有颠覆性的新发现，否则谁也无法轻易否定这个曹操墓，因为旁边的西门豹祠就是一个有力佐证。人生如梦，世事沧桑，谁也料想不到，西门豹竟会以如此方式与后世的曹操扯上关系。

有了西门豹兴修水利奠定的经济基础，地处漳河两岸的邺地逐渐繁盛起来，渐渐发展成为人烟稠密、经济发达的邺城。东汉末年，邺为冀州治所。建安九年(公元204年)，曹操击败袁氏残余势力领冀州牧，以邺为根据地经营华北，邺城实际上成为当时的政治中心。魏晋南北朝时期，邺城先后作为曹魏、后赵、冉魏、前燕、东魏、北齐六朝都城，是中原地区的政治、经济、军事、文化中心，繁盛长达四个世纪之久。北周武帝建德六年(公元577年)灭北齐，改邺为相州魏郡治所。北周静帝大象二年(公元580年)，丞相杨坚（日后的隋文帝）谋划代周自立，相州总管尉迟迥自邺城起兵讨伐杨坚，几番大战后被击败。杨坚下令拆毁了邺城，一代名城从此沦为废墟，再也没有机会与洛阳分庭抗礼，渐渐深埋于历史尘埃中。

邺城盛极而衰、繁华散尽，道不尽的铜雀春深、王都气象也随着邺城灰冷都付于断壁残垣中，只能在人们寻迹凭吊中略显些斑驳的轮廓。但令人遗憾的是，使邺城繁荣起来的西门豹却如同消失的邺城一般，在后世史家笔下消逝不见。这位颇具科学精神的官员，历史上似乎就干了这么一件轰轰烈烈的事。但是就这么一件事，足以让他的名字穿越时空、名垂青史。

我想，西门豹勇于任事、造福一方的事迹，对所有入仕为官的人来说都是有益的提醒。千千万万，不如实干一件；金杯银杯，不如百姓口碑。这些朴素的道理人人都懂，但现实中真正能够坚守并实践下去的却委实不多。世上能干事、想干事的人不少，但真正干实事、干成事的人却有限。

从古到今，在面对个人利益和群体利益的权衡时，一些人选择了自己，最后无声无息；一些人选择了百姓，终为青史留名。中国的老百姓最为朴实，谁能解老百姓之所急，为老百姓干实事、谋实利，老百姓就不会把他忘记。哪怕父母官只为他们做一件实事，他们也会在心中树丰碑，在地面上建庙祠。远的如率众修渠治邺的西门豹，陈州放粮、刚正不阿的包拯，疏浚西湖筑成“苏堤”的苏轼等，近的如治理兰考内涝、风沙、盐碱“三害”的焦裕禄，在东山岛遍植木麻黄治理荒沙滩的谷文昌，带领林县人民苦干十年建成红旗渠的杨贵等。他们心底无私天地宽，认真践行为官一任、造福一方的原则，躬身为老百姓做实事好事，从不考虑什么个人利益。他们实干为民的精神被人们口口传颂，更值得今人体味。

思想信马由缰，驱车溯源而行。车子通过一座大桥，由浊漳河南岸转到北岸，然后继续西行，正式进入了山西省平顺县境内。友人说这座大桥为漳河大桥，当初由河南和山西共同出资修建。因为正好位于山西、河南、河北三省交界处，人们都称其为“三省大桥”。在这里，浊漳河两分出河南、河北，大桥北侧又东西两分河北、山西。全国各地“鸡鸣闻三省”的地方不少，但“一脚踏三省”的大桥却并不多。颇为遗憾的是，由于时间紧迫，我没有来得及在桥上停留，于是暗下决心，下次再来一定要在大桥正中央摄影留念，体会一把“一脚踏三省”的特殊感觉。

印象最深刻的是大桥两头各有两个两米见方的水泥墩子，中间堪堪容一辆小轿车通过。这是专防载重货车通过，避免压垮桥梁的土办法。这一场景我在其他地方见过不少，但如此巨大的阵仗的确少见。当然这也实属无奈，如今的卡车实际载重早已不是几十年前的 15 吨、20 吨，而是惊人的 80 吨、100 吨，远超出这些老旧桥梁的设计标准。这条道路过去是豫晋之间重要的物资运输通道，运输煤炭、矿石等物资的大货车昼夜不停，数量与日剧增。老桥早已不堪重负，如今两省已经另辟一条新路供货车通行。一条柏油大道贯通了晋冀豫三省，静静的大桥如同一位世纪老人，见证了时代的进步、社会的变迁、人民的幸福。正是当年红旗渠建设者在这里开山修路，让这条道路有了最初的模样，后来经过多次拓宽修复，才有了现在的这个模样。

车子终于来到平顺县石城镇，思慕已久的红旗渠源“路转村头忽见”。穿过不长的漳安桥，再次跨越浊漳河来到南岸，迎面就是一个宣传牌匾，赫然在目的是习近平同志关于红旗渠的重要讲话：“红旗渠精神是我们党的性质和宗旨的集中体现，历久弥新，永远不会过时。”身处红旗渠源，他的讲话更让我心潮澎湃，同时也倍感亲切。

牌匾西侧依山而建的房舍就是林州市红旗渠灌溉区管理处渠首所。沿山起建的房舍规模不大，上下两层。下面一层是展厅，上面一层十来间房是员工宿舍、办公室、厨房、餐厅。据负责人介绍，渠首所员工定额六名，负责红旗渠在山西境内约 19 公里的渠段管理。由于需要远离家庭跨省工作，条件合适的人不多，目前在岗的只有四名，另外临时聘用了三个当地人协助看护渠道。正是这七个人常年工作在浊漳河畔、太行山腰，每天在渠岸上用脚底板巡查，发现问题及时处理，遇到险情立即处置上报。他们长年累月默默坚守在这里，生活已经和红旗渠融为一体，情感也与每一块渠石紧紧相依。虽然每天的工作和生活平凡单调，但单单这一份忠诚和坚守就值得我们奉上诚挚的敬意。

渠首所西边有一座大理石纪念碑，黑色的碑面肃穆庄严，上刻“军民情谊深，红旗渠流长”“军民情溢红旗渠”，由时任国务院总理李鹏同志和河南省委书记李长春同志分别题写。1994 年解放军驻豫某部官兵大力支援红旗渠总干渠技改工程建设，此碑是军民鱼水情深的见证。每一个帮助过、支持过红旗渠建设的个人和团体，无论是领导同志，还是部队官兵，抑或是普通群众，林县人民都会在心里铭记。

纪念碑的正下方就是红旗渠引水点。冬日的正午，浊漳河里波光粼粼、闪着金光，好像在欢迎我的造访。我抑制住内心激动，放轻脚步，沿着步道一步步下到河底，与浊漳河水近距离对视。

此处河床远不如下游宽阔，眼前一道拦河大坝横卧河床，长不足百米，灰色坝体顶部平滑呈现弧形，坝后冲积着一大片砂石滩，把上游潺潺而来的河水聚拢在一起，然后导引着河水缓缓流入河道右侧的引水隧洞。

引水隧洞高 4 米，宽 7.25 米，洞顶上镌刻“红旗渠源”四个大字。在强烈的阳光照耀下，黄底红字的“红旗渠源”呼之欲出，格外遒劲醒

引水隧洞高4米，宽7.25米，洞顶上镌刻“红旗渠源”四个大字。在强烈的阳光照耀下，黄底红字的“红旗渠源”呼之欲出，格外遒劲醒目。（拍摄/彭新生）

目，与下面缓缓入洞的潺潺碧水相映成趣，让人顿生随水入洞、探幽寻秘的冲动。此时此刻，慵懒的阳光、幽幽的碧水、寂静的山谷、层叠的远山，一切都分外宁静，让人心底澄净、身心俱寂。

渠首工程是红旗渠的开端，是“逼水上山”的紧要之处。整个工程是一个由拦河溢流坝、引水隧洞、引水渠、进水闸、泄洪冲沙闸共同组成的渠道引水枢纽。拦河溢流坝全长 95 米，最大坝高 3.5 米、底宽 13.46 米、顶宽 2 米，为水泥浆砌石英岩重力坝结构。拦河溢流坝逆流向上 18 米，河右岸就是高大的引水隧洞。隧洞全长 105 米，洞后是 55 米长的引水渠，之后是进水闸。进水闸共 3 孔，单孔宽 2 米，设计流量 25 立方米 / 秒。泄洪冲沙闸在进水闸上游左侧，共 2 孔，单孔宽 2 米，闸底低于进水闸底 1 米，闸上游做成坡比约 1/20 的陡坡导沙廊道，同时在进水闸前设立与渠道水流方向呈 30 度夹角的直墙导沙栏，可以实现防沙入渠、退水冲沙入浊漳河。当河水流速小于 25 立方米 / 秒时，可将河水全部引入总干渠。汛期发洪水时，正常引水外的余水可以经拦河溢流坝和泄洪冲沙闸泄入浊漳河下游，不会冲击红旗渠渠道。

面对如此巧妙周到的设计，我突然想起了秦国蜀郡太守李冰和他的儿子主持修建的都江堰，想起了鱼嘴分水堤、飞沙堰溢洪道和宝瓶口进水口。都江堰、红旗渠遥遥相距几千公里，建设时差两千多年，竟然在太行山上实现了薪火相传，让我脑海里源远流长的中华文明越发变得鲜活生动。

以拦河溢流坝为代表的渠首工程地位特殊、作用关键，后来当仁不让地位居红旗渠“十大工程”之首，但当初的修建过程却绝非眼前所见这么平静。当年滔滔的浊漳河水从上游侯壁断猛地跌落下来，水流湍急、水势骇人。只有把河水拦腰截断，将水位抬高到一定高度，才能让桀骜不驯的河水按照人的意志进入引水隧洞，乖乖地爬上右岸，顺着蜿蜒的渠道兜兜转转流向林县。

建好拦河溢流坝是红旗渠建设的首要任务。1960 年 2 月 17 日，任村公社的 500 名男女民兵就是在这里打响了第一炮。他们决定先从两边浅水处筑坝，然后不断地向河中央延伸，最后集中力量截断中间的“龙口”。

思路很清晰，办法也简单易行，但现实却冷酷无情。截流筑坝往往需要专业机械设备和钢筋混凝土，他们手里什么都没有。仿效都江堰用竹笼装卵石的办法堆石成坝，当地也没有竹子。山道崎岖狭窄，大车通行困难，所需物资根本运不上来。人们两手空空，如何缚住苍龙？

凡事只要动脑筋，办法总比困难多。山上最不缺的是石头，山里人最不缺的是力气。他们先在高山上放炮采石，然后踩着又陡又窄的羊肠小道，如蚂蚁搬家似的肩扛着运石头下山，一点点备好了截流筑坝所需的石料。由山上往山下搬运石块，劳动强度之大超乎我们想象。盘山村三名女青年巾帼不让须眉，抬石头也不甘人后，每天山上山下往返奔波，一个月内每个人就穿破了四双鞋，磨破了六副垫肩。大家就是这样憋着一股劲儿，顶着山风蹚着冰河垒砌大坝，一个多月时间就完成了一、二级截流工程。眼见着石坝从河道两侧逐渐伸向河中央，最后只剩下十多米宽的“龙口”。

真正的困难总在最后。第三级截流合龙工程进行得惊心动魄。人们成百上千次地把料石和沙包投入“龙口”，却被汹涌的河水一下子冲了个精光，几百斤重的石头在水里打两个滚儿就被冲走。人们又想出新办法，在河道两岸打上木桩，中间系上铁丝、绳索，然后再堆放沙包堵上“龙口”。但是咆哮的河水再次击垮了人们的努力，第二次截流也失败了。

拦河溢流坝必须尽快建成，现在 20 立方米 / 秒的河水流速尚且如此，进入汛期水势更大，截流更不可能，直接影响整个红旗渠建设工程。大家立刻召开“诸葛亮会”共商对策，议来论去始终没有个好主意，最后有人提出用人墙拦水的笨办法。初春的太行山里气温很低，河水泛着冰碴寒冷刺骨，分指挥部领导担心大家身体受不了，都不赞成这个办法。截流刻不容缓，即使没有称手的“兵器”，还有坚强的身体和意志，再苦再难也绝不能被困难吓倒。这时候共产党员、共青团员们勇敢地站了出来，组成了一支截流突击队坚决请战。

这是一个悲壮的时刻。凛冽的寒风中，40 多条精壮汉子纷纷脱去棉衣，只穿个裤头儿，毫不犹豫地跳进了水流湍急、冰冷刺骨的河里。他们肩并肩、手挽手、臂缠臂，高呼着“团结就是力量，团结就是胜利”“吃苦在前，享受在后”，在汹涌的河水里死命地筑起了一道人墙。湍急的河水冲得人们东倒西歪，个子小的被呛得连喝河水，有的差点儿被水卷走。岸上的人们见状纷纷跳入水里，迅速筑成了第二道、第三道人墙，直至第七道人墙。人墙方阵像磐石一样牢牢地钉在河底，河水只能咆哮着打着旋儿绕过人墙向两边流去。一道道人墙后面，人们紧张有序地打木桩、投料石、抛沙袋、填石碴、垒块石，拧成一股绳咬紧牙关与时间赛跑。三个多小时惊心动魄的激战后，截流终于成功了！

1960 年 5 月 1 日，经过 80 多天的英勇奋战，浊漳河水终于按照人们的意志乖乖地流进了引水隧洞，红旗渠上“头一炮”成功打响。任村公社任村营一战成名，后来被红旗渠总指挥部授予“截流铁军”和“红旗渠先进标兵突击队”等荣誉称号。

当年参加渠首截流的都是浊漳河边上各村的青年。“我和本村的申金柱、孔繁有、卢录俊等几个人都参加了渠首截流。三月的河水冻得人直打战，下水时，每个人得先喝两口白酒，驱驱寒气。几十人在水里组成几道人墙挡住水，岸上的人赶紧往人墙后放麻包沙袋，就这样才把水截住了。”参加过渠首截流的盘阳村张明生老人回忆起当年惊心动魄的场面，却如同叙说一件平常往事。可能在他们的心里，那时的英勇无畏不过是他们那一辈人的生活日常，大家都是一样的拼命、一样的努力，根本不值得被刻意提起。此时我脑海里突然涌现出铁人王进喜纵身跳进水泥浆池、用身体搅拌水泥浆制服油田井喷的场面，一瞬间明白了其中的缘由。这是一种蓬勃向上、勇于牺牲、无私奉献的

截流刻不容缓，即使没有称手的“兵器”，还有坚强的身体和意志，再苦再难也绝不能被困难吓倒。再汹涌的河流、再冰冷的河水也阻挡不住人们拦截漳河水的决心。（提供 / 周锐常）

时代气质，它表现于某个人、某一群体，但绝不局限于一人一隅，而是脱胎换骨后新社会的整体风貌。这是一个只争朝夕、百舸争流的火红年代，洋溢着无敌青春，激荡着如火热情，蕴藏着惊人能量，让人肃然起敬。

在附近村庄的墙壁上，我意外地发现了一行字迹斑驳的毛主席语录：人民，只有人民，才是创造世界历史的动力。毫无疑问，是共产党改变了勤劳朴实的中国人民，又带领他们不断地改变着中国，这才有了后来的风云际会、英雄遍地。

此时我真正理解了伟人诗中“数风流人物，还看今朝”的深刻含义：勤劳朴实的中国人民，千百年来默默无闻，有了共产党的领导，彻底激发了他们对美好生活的向往。在新社会里，他们宁愿苦干，不愿苦熬，用主人翁的激情和血肉之躯努力改变自己的命运，最后创造了属于自己的荣光。想到这里，我内心翻腾、感触颇深：寂寂无名的，未必不是豪杰，翻天覆地时，遍地皆是英雄。

我特意在拦河溢流坝上走了几个来回，手摸脚量仔细观察这个历尽艰辛修筑而成的标志性建筑。

经年流水已将整个弧形坝体的表面冲刷得光滑无比，在它的前方是一片经受过河水千万年冲刷的丹岩石壁。这些巨大斑驳的石壁高低错落，上面到处是激流撕裂的裂隙和漩涡造就的石洞。比比皆是的裂隙，大小不一的石洞，仿佛在无声地诉说着浊漳河桀骜不驯的前世。

对于如今见惯了宏伟建筑的我们而言，拦河溢流坝似乎并不起眼，不过是一个普普通通的石坝建筑。以当前“基建狂魔”的能力，再造一个类似的建筑不过是小菜一碟。但如果把目光投回 60 年前的艰难岁月，还原当时的物质条件与工作场景，你的敬意一定会油然而生，从内心深处赞叹它的了不起。60 年前的修渠人，没有任何现代化的机械设备，没有先进的科技支撑，手持的是铁锹、钢钎、大锤、抬筐等简陋工具，炸药就是最先进的武器，而且大部分还是自制。他们能够凭借的最有力、最可靠的武器，就是自己的血肉之躯和顽强意志。仅凭这一点，就足以让这个毫不起眼的拦河石坝傲然屹立。

在河道里，浊漳河水是无情的，它依着自己的意志，夜以继日肆意地冲刷河床、撕裂岩石，然后向东奔去。在红旗渠里，浊漳河水却是有情的，它承载着人的意志，翻山越岭、日夜不息地为人们送来幸福活水，孕育新的希冀。

车子沿着浊漳河蜿蜒盘旋，峰回路转之际我总能看到山上红旗渠总干渠时隐时现。五星红旗是无数革命先烈用鲜血和青春染红的旗帜，横亘于太行山腰的红旗渠是几十万修渠人举着红旗，用鲜血和汗水浇筑而成的奇迹。红旗渠建设中最难的一段是总干渠，总干渠最艰险的一段在山西。山西境内这一段山势险要、崖高坡陡，几百米高的悬崖峭壁，上难以攀登，下无法立足。当年的建设者在半山腰上开凿渠线、砌石修渠，无疑是以命相搏的疯狂之举。在这里，无数修渠人抛洒下了鲜血和汗水，留下了惊心动魄的事迹，一些人甚至献出了宝贵的生命。

是一群什么样的人创造了这一奇迹？这群人千百年来默默无闻，缘何在新中国成立短短 10 多年后就能够迸发出如此惊人的力量？

我静静地思索着，此时一个毫不相干的“小人物”缓缓涌上心头。林州市姚村镇有个三孝村，是古代“二十四孝”之一“郭巨埋儿”的发生地。这是一个耳熟能详的故事。晋代隆虑（林县）人郭巨原本家道殷实，后因战乱频发而家道衰落。当时天下大乱、食物短缺，但他事母极孝，有食物先给母亲吃。母亲疼爱孙子舍不得吃，总是把食物留给孙子。郭巨担心长久下去母亲会被饿死，就和妻子商量，不如埋掉儿子省下粮食一心供养母亲。夫妻二人在一棵大树下挖坑准备埋儿之时，意外地从中掘出了一坛黄金，内有黄布上书：“天赐孝子郭巨，官不得取，民不得夺。”两人用“天赐”的黄金孝敬母亲、养育儿子，从此过上了好日子。鉴于郭巨之孝“感天动地”，官方后来将其事迹编入“二十四孝”之中广为颂扬。

小时候听到这个故事时，我起初叹息小孩子真是可怜，后来经过一番思考后又觉得故事有点儿荒诞，大人再没什么吃的，也不至于先拿小孩子开刀。郭巨墓至今犹存，就在村子旁边的中学后院里，硕大得如同一座小山。因为笃定“郭巨埋儿”是无稽之谈，我和小伙伴们经常在上面攀爬也不觉得害怕。后来读研究生时在家乡做田野调查，我无意中又发现了“郭巨埋儿”的另一个版本。郭巨原本是大户人家，世道纷乱家道中落。林县属赵地，燕赵多慷慨悲歌之士，郭巨为人豪侠仗义，常外出闯荡谋生，有一年带回来了一大笔黄金。可能是乱世之中钱财多少都有点儿来路不明，事母极孝的郭巨害怕老母亲生疑不受，于是提前把黄金埋在树下，自导自演了一出“埋儿”大戏。经过这么一番“孝心感天”的运作，“天赐之金”合理合法，郭巨由此也落了个孝义美名。在我看来，这个版本较为符合当时的社会背景，也不违背常理人性，应该比官方记载的更接近历史的真相。

透过这个孝子贤母的故事，我们多少可以触及一些南太行古风的蛛丝马迹。任侠尚武的民风，孝义传家的乡情，外圆内方的心性。其他一些留传下来的民间故事和官方典籍也间接佐证了我的判断。清康熙年间编纂的《林县志》称当地“民俗朴实，好勇尚气”。《彰德府志》亦称“林县地险，民俗俭朴，亦喜争斗”。好勇尚武、孝义俭朴的山民无疑是改天换地、创造历史最好的人力。

还有一个年代并不久远的故事也让我饶有兴致。100 年前的民国初期，中原大地军阀连年混战，苛捐杂税多如牛毛，人民生活苦不堪言，许多饥寒之士揭竿而起，贫瘠的林县土地上就曾经上演过一场声势浩大的农民武装运动。1923 年，贫苦农民韩欲明等人秘密成立宗教组织天门会，几年后公开率众抗捐抗税，反抗军阀压迫，打击土豪劣绅，会众规模迅速扩展到 30 万人，活动范围遍及豫晋冀三省广大区域。中共河南省党组织多次派人与天门会建立联络，双方在北伐、反军阀等方面也多有合作。天门会极盛时豫晋冀 23 个县“地方政权亦操在天门会之手”，但由于缺乏先进理论的指引，这支宗教色彩浓厚的农民武装注定无法摆脱农民起义的窠臼，多次上演被收编、再反抗、再收编的传统路数。1931 年韩欲明等骨干力量被国民党诱捕杀害，余部继续坚持斗争，1933 年被国民党部队全部镇压。

1938 年后，中国共产党领导下的八路军在天门会原来活跃的地方建立了太行抗日根据地，创立了各级抗日政权，领导人民开展艰苦卓绝的对敌斗争，最后解放了这一片灾难深重的土地，同时也创造出了伟大的太行精神。

曾经盛极一时的天门会最后沉寂无声，不得不说是一种历史的遗憾，但也用鲜血证明了一个道理，那就是一个没有先进理论武装起来的组织注定不会走远，也很难改变历史。正是在有着先进理论武装和铁一般意志纪律的中国共产党的带领下，广大人民群众身上蕴含的创造伟力终于被彻底点燃，进而爆发出横扫一切、荡涤寰宇的惊人力量，最后浩浩荡荡开创了一个崭新时代。

共产党并不曾使用什么魔术，他们只不过知道人民所渴望的改变。1946 年，当美国记者白修德和贾安娜在《中国的惊雷》一书中发出如此感慨之时，中国大地上正是风云激荡的时代。他们敏锐地捕捉到了中国共产党与众不同之处，无意中道出了“中国共产党为什么能”的秘密。浊漳河是红旗渠有形的源头，而无形的源头则是劳苦大众对美好生活的渴望。“土里土气”的中国共产党人其实没有什么特殊魔法，他们只是在理念和行动上有别于过去的任何政治组织。他们来自于芸芸众生，愿意躬身于人民之中，倾听群众内心的渴望，仔细地把这一渴望转化为重整河山的誓言，然后带领大家去努力奋斗，最后改天换地、翻天覆地、水滴石穿、水到渠成，改变了普罗大众的命运，也赢得了世道人心。

车子终于驶离了浊漳河，沿着宽敞的柏油大路笔直向南，我的思绪也渐趋平静。渠首之行，让我对红旗渠的源头有了更深的感悟。五千年文明孕育的中华优秀传统文化，党领导人民在艰苦奋斗中创造的革命文化和社会主义先进文化，积淀为中华民族最深层的精神追求，凝聚成伟大复兴的基因力量，终于在巍巍太行山上绽放出夺目的光芒。红旗渠不只是一个工程意义上的渠，而是新中国朝气蓬勃、奋发有为的一个缩影，同时也是对“幸福是奋斗出来的”生动而具体的诠释。

对美好生活的向往就是人类生生不息的动力。其实，每个人的心里都有一条“红旗渠”。如果你有时间去登一登太行山，看一看红旗渠，一定会清晰地发现，自己内心深处其实一直隐伏着一条“红旗渠”。

红旗渠是党领导林县人民创造的，但它属于全中国、全世界、全人类。

拍摄 / 魏德忠

治山治水运动大大增强了全县人民“敢教日月换新天”的信心，有效积累了“重新安排林县河山”的经验，为后来引漳入林奠定了深厚的思想基础和坚实的技术基础。（拍摄 / 彭新生）

第二章 治山治水

咱林县，真可怜，光秃山坡旱河滩。雨大冲得粮不收，雨少旱得籽不见。一年四季忙到头，吃了上碗没下碗。

——当地民谣

八百里太行上接燕山、下衔秦岭，贯穿华夏腹心，既是地理上的“天下之脊”，也是文化上的“中华之脊”。华夏的先民们背靠太行，面朝大海，狩猎耕种，繁衍生息，在轮廓渐趋清晰的华北平原上燃起了一堆又一堆的文明篝火。这里诞生了盘古开天、精卫填海、愚公移山等神话传说，孕育了三晋风云、燕赵悲歌、五代传奇，同时也留下了好勇尚武、为气任侠的民风。

林县西倚太行、东接平原，北依漳水、南望黄河，历史上是“卫弃之而弱，晋有之而霸”的战略要冲。夏属冀州，周时属卫国，秦属邯郸郡，西汉时始置县，因西有太行山的分支隆虑山而得名隆虑县。东汉时为避殇帝刘隆名讳改称林虑县。明洪武三年（1370 年）改为林县，属彰德府管辖。民国时期废府改道属河北道。抗日战争和解放战争时期，属太行区革命根据地第五专区。新中国成立后，属平原省安阳专区。1952 年 11 月平原省撤销，随安阳专区划入河南省。1958 年划归新乡专区，1962 年复归安阳专区，1983 年 10 月归安阳市管辖，1994 年撤县改市为林州市。

林县四面环山、西高东低，是典型的丘陵盆地，境内 70% 以上是山地，历史上曾经是“山林丰茂、古木参天”“茂木乔松、木荫浓似盖”，被人们誉为“北雄风光最胜处”。邯郸的赵武灵王在这里有夏宫，邺城的高欢也常来此避暑，五代、北宋时期官府还在此采办林木。三国时曹丕在《登仙》一诗中由衷地赞叹“西山何其高，高高上无极”。宋朝宰相韩琦赞曰“林虑天平山者，天下绝胜之境也，雄伟秀拔，虽江南诸山素有名者，皆所不及”。北宋山水大家郭熙在《林泉高致》一书中称“太行枕华夏，而面目者林虑”，极力推崇林虑山是太行山脉中的最美。上述种种充分证明历史上的林县曾经是青山绿水、风光旖旎，并非如后来那般“童山濯濯，弥望皆是”，“十年九旱、水贵如油”。

正是由于太行山东侧为地质复杂的断层构造，导致林县境内山峦起伏、沟壑纵横、土薄石厚、断层发育。特殊的地质构造无形中已经为林县埋下了缺水的隐患。这里缺乏良好的隔水层，地表水很容易漏失，河水径流普遍不大，而且地下水埋藏很深，掘井取水也极为不易。也许是隋唐五代、宋辽金元的连年烽火毁灭了地面上的茂林乔木，抑或是千百年来人类的过度开发最终破坏了生态平衡，反正自明以来，此地已然是青山失色、绿水无踪，数不清的旱灾蝗灾穿透了厚厚的历史烟云，凝固为一幕幕惊心动魄的地方记忆。

原本是达官贵人纵情山水的茂林之地，几百年的光景就退变为山穷、水穷、地穷、人穷的苦寒山区，境遇变化如此之快，着实令人唏嘘。缺水少林的林县历史上频频遭遇自然灾害，人民群众苦不堪言。据不完全统计，明正统元年（1436 年）到 1949 年的 513 年中，林县共发生各种自然灾害 100 多次，大旱绝收 30 多次。“林县每遇干旱，河干井涸，地裂禾焦，颗粒无收，饿殍遍野，惨不忍睹”，“大旱、连旱、凶旱、亢旱”等字眼频频出现，“人相食”的记述就有 5 次。姚村镇寨底村的一通石碑详细记述了清光绪元年到四年 (1875 年—1878 年) 林县遭遇大旱民不聊生的惨状。“光绪元年岁次乙亥夏，颇有麦，自夏以后至戊寅夏月，三年间，无麦无禾。大米一斗大钱一千六百文，黄豆一斗一千文，黑豆一斗九百文。人苦无钱买粮食，众所食者，树叶野菜，更有非人所食之物，亦皆和榆皮为末食之。光绪丁丑十月赈一次，戊寅四月一次，七月一次。每一次，极贫次贫，大口八合，小口四合，额外赈生员各一斗，蠲免粮银，惟戊寅上恤而已。人物失散，畜类凋零，当困苦之时，而能自植其生者，盖亦鲜矣。有饥而死者，有病而死者，起初用薄木小棺，后用芦席，嗣后芦席亦不能用矣。死于道路者，人且割其肉而食之，甚有已经掩埋犹有刨其尸剥其肉而食之者。十分之中死者六七。”光绪年间距今并不太久远，唯其如此，所述内容更让人不忍直视。类似的碑文记录在林县比比皆是，共同指向了一个无奈的事实：林县“荒岭秃山头，水缺贵如油”，一遇到大灾荒，人们劳无所获，食不果腹，饿死病死，十室九空。为了活命，很多人不得不成群结队冒险翻越高高的太行山，到相对富裕的近邻山西逃荒就食，饿死冻毙的不绝于途。最近一点的旱灾记述是民国三十一年至三十二年（1942 年—1943 年），林县连年大旱又遇蝗灾，灾情十分惨烈。据统计，全县逃荒外出的达 10800 户，占总户数的 14%，饿死 1650 口人，占总人数的 4.3%。41 户的赵老庵村有 31 户外出逃荒。500 人的马鞍山村饿死 280 人。

严重缺水带给当地人无尽的苦难，“涝歉收，旱则成灾”，人民生活极度贫困。民国《重修林县志》记载：“林境山多水少，居民苦极，土薄石厚，凿井无泉，致远汲深，人畜疲极。”在旧社会，林县人有“六愁”“六怕”。“六愁”是：一愁没水吃，二愁没粮吃，三愁没衣穿，四愁没烧烟，五愁没媳妇，六愁过荒年。“六怕”是一怕不下雨，二怕洪水冲，三怕下冰雹，四怕霜和风，五怕土匪抢，六怕讨租粮。老百姓的贫穷程度令人难以想象。有的一家几口人只有一床被子，有的人一件衣服根据季节反复改，补丁摞补丁不成个样子，更有甚者一件破棉袄整整穿了 16 年。

林县属于暖温带半温润大陆性季风气候，由于山大沟深、地形多样、气候复杂，导致降水在空间和时间分布上极不均匀。城关盆地两侧、西部山区、淇河两岸等地降水较多，年降水量 700~800 毫米；北部山区和中、东部的浅山丘陵降水较少，550~600 毫米；东北部山区降水更少，一般低于 500 毫米，最少的只有 300 毫米。降水主要集中在七、八两个月，降水量占了全年的六七成，而农业用水需求却集中在降水量较少的春秋两季。仅仅依靠正常的降水根本无法满足农业灌溉所需，部分山区村庄甚至连人畜吃水都十分困难。境内浊漳河、露水河、洹河、淅河、淇河 5 条河流都是季节性河流，平时水量不大，但进入汛期后却水大势急，经常造成水患。流经县境南部的淅河 1932 年暴涨时，河水冲断了桥梁，隔绝了交通，还把沿河两岸 2 万多亩良田变成了乱石滩，3 万多人的生命财产安全受到影响。淇河虽然流经林县 40 公里，却只能灌溉两岸 300 多亩耕地，还经常发生水害事件。县境北缘的浊漳河水源充沛，却位于深沟峡谷之中，大规模引水难度很大，除了沿河耕地受益外，只能任它白白流走。县境中部的洹河水势较为和缓，但进入汛期时也时有灾害发生。出于太行大峡谷的露水河是漳河支流，平常河道里卵石遍布、干涸断流，汛期时则洪水汹涌、隔绝两岸。

季节性河流平常水量不大，汛期时却狂暴不羁，山区复杂的地形一遇到降雨也极易诱发山洪，不仅难以有效发挥水利，而且很容易造成水土流失。流水带走了上游的地表土，留下了岩石裸露的贫瘠山坡，“植树没有土，草木难生长”。新中国成立前，全县平均每年流失水量近 4 亿立方米，流失泥沙达 39.7 万立方米，水土流失面积 1800 平方公里，5.93 万亩山坡地由肥变瘦。下游的河床经常出现淤塞，导致洪水肆意横流、为害两岸。“天旱把雨盼，雨大冲一片。卷走黄沙土，留下石头蛋。山上不长粮，锅里没有饭。水比油还贵，地旱人也旱。”当地的民谣真实地反映出了人们对于“水”的无奈。

缺雨少水造成十年九旱，土薄石厚致使耕种难收，林县农业生产条件十分恶劣。1944 年林县解放时，全县 98.5 万亩耕地中仅有 1.2 万亩水浇地，其他的都是靠天收获的旱地。粮食产量也极低，麦子每亩只有 30 公斤，秋粮亩产也不过 50 公斤。山区缺水严重，多种植谷子、豆子、马铃薯等耐旱作物。人们这样形容自己的生活：“咱林县，真可怜，光秃山坡旱河滩。雨大冲得粮不收，雨少旱得籽不见。一年四季忙到头，吃了上碗没下碗。”恶劣的自然条件下，“早上糠，中午汤，晚上稀饭照月亮”就是每个人的生活日常，由此也逐渐养成了省吃俭用、吃苦耐劳的禀性特质。如今林州市经济发达，人民群众生活优渥，但依然可以从当地简单的饮食习惯中看出当年“苦出身”的影子。

因为严重缺水，当地人有数不清的心酸往事，也发生过不少令人扼腕的惨剧。在红旗渠纪念馆里，有一个老汉跪在地上、双手向天控诉的实景雕塑，再现了一个因水而起的悲剧：大年三十，桑耳庄桑林茂老人五更天就爬上黄崖泉排队取水，取水的人太多，挨到天黑才接满一担水。新过门的儿媳妇出村迎接，接过扁担急匆匆担水回家，谁知天黑路滑不小心摔倒，把辛辛苦苦担来的水洒了个精光。儿媳妇又羞又愧，一时想不开，在除夕夜里悬梁自尽。一家人含泪埋葬了死者，之后伤心地离乡背井去了山西。

因水而生的凄惨故事实在是太多，旱灾荒年翻山越岭到山西逃荒活命成为当地一代又一代人的集体记忆。他们在适宜的地方停了下来，开荒种地，繁衍生息。有些人后来又返回了故土，也有不少人就此定居山西。如今山西省晋东南和吕梁一带，就有不少林县的逃荒移民定居后形成的“林县村”“林县沟”。太原市里有个“林县移民巷”，长治市南部有个“林移村”，都是过去逃荒的林县人逐渐形成的聚居地。可以说从古到今，林县人就与山西有着剪不断的联系、割不开的情谊。

500 多年的漫长岁月里，“十年九旱、水贵如油”成为林县人最深最痛的记忆。历朝历代，谁能在解决缺水问题上有所作为，当地老百姓就会永远把他铭记。在林县，就有三条渠、三个人在当地人的记忆里格外清晰。

第一条叫天平渠。元朝至元五年（1268 年），时任潞安巡抚李汉卿为了缓解当地旱情，亲自率领乡民修渠引水，历时三年修筑了一条长 20 多华里、宽 3 尺、深 2 尺的水渠，引天平山清流出山济民。天平渠虽说规模不大，只是解决了周边十几个村庄的人畜饮水问题，灌溉农田仍然无法顾及，却依然留下官声政声给人以启迪。

第二条叫谢公渠。明朝万历二十四年（1596 年），时任知县谢思聪组织当地官民出钱出力，修筑了一条长 18 华里、深 3 尺、宽 2 尺的石槽水渠洪山渠，引洪谷山泉出山，有效解决了沿途 40 多个村庄的人畜用水和耕地灌溉问题。此外，他还主持扩建了县城南关的蓄水工程“阜民池”。老百姓感其功绩，后来集资修建“谢公祠”进行祭拜，并改洪山渠为“谢公渠”。谢公祠至今犹在，是当地的一个名胜古迹，谢公渠部分渠段尚存，如今仍然能够发挥作用。

第三条就是红旗渠。新中国成立后，全国各地大兴水利，林县也陆续建成了不少中小型水利设施。但是，1959 年的大旱使林县境内的河流纷纷断流，新建成的渠道断水、水库见底，吃水难的问题又重新出现。林县县委经过深入调研，创造性地提出“引漳入林”的大胆设想，在上级党组织的指导和山西有关方面的支持下，带领人民群众苦干 10 年劈开太行山，修成了红旗渠，引来浊漳河水，彻底改写了林县“十年九旱、水贵如油”的历史。有了水，就有了发展的根基和梦想的土壤，也为后来的各业腾飞奠定了基础。当年主持修渠的县委书记杨贵调离林县时，闻讯赶来的老百姓泣泪惜别，沿路排成了长龙，不少人手里端着一碗清水默默为他送行。1991 年杨贵重回林县，林县万人空巷，人们就是为了能够亲眼看一下老书记。时至今日，林县人民还时常把“杨贵”挂在嘴边，谈及“杨贵”时自然语带亲切、饱含感激。

很多朋友都问过我类似的问题：

山高路远、工程浩大，林县人为什么一定要修红旗渠？难道没有更好的办法代替？

三年困难时期不少地方还饿死人，山区林县凭什么就敢上马修建红旗渠？

跨省调水、劈山造渠不容易，人们仅凭双手和简陋的工具，为什么能够修成红旗渠？

“为什么要”“为什么敢”“为什么能”，这三个问题一直牵引着我的思绪，引导着我努力地去寻找合理的解释。

我生长在红旗渠畔，打小就在支渠毛渠里玩水，亲眼看见了红旗渠水如何在人们的一路护送下，经由大渠到中渠再到小渠最后长途跋涉流进田里，也亲身体验了改革开放后家乡发生的诸多变化。虽然上大学后远离家乡，但思想上始终没有离场，读研究生时还多次回去开展田野调研，自认为对家乡的一切并不陌生，同时跳出“家乡”也少了些熟视无睹，可以从更广阔的视野理性地研究家乡。近年来我大量阅读了与红旗渠有关的资料，脑海里也经常思考“红旗渠三问”，努力尝试以受益人和研究者的双重身份，认真回答上述问题。

我认为，学习红旗渠精神首先要深入了解红旗渠，“为什么要”“为什么敢”“为什么能”就是三个绕不开的关键问题。只有条分缕析“红旗渠三问”，才可能弄懂红旗渠，真知真信红旗渠精神，而不会像普通游客一样仅仅停留在走马观花式的观光欣赏、浮光掠影般的感慨点评。

学习任何一种精神，入脑入心才能学有所成。对于红旗渠精神的传播者而言，科学理性地回答好“红旗渠三问”，让受众带着问题身临其境，在嵌入式学习中进行理性思考，才有可能入脑入心，取得事半功倍的效果。同样，学习好红旗渠精神，首要就在于研究好红旗渠。如果缺乏对红旗渠历史背景的深入认识和准确把握，缺乏对红旗渠作为水利工程本身的科学解读和功效认知，缺乏对红旗渠之于林县人民生产生活的巨大意义的深刻把握，只是一味地去关注作为抽象成果的红旗渠精神，除了对人的情感上有短暂影响外，很难在质的层面影响人的内心和行动。这委实是一个浅显的道理，却往往容易被人忽视。

为什么一定要修建红旗渠？这是一个沉重的话题，很多林县人其实在内心深处并不愿意过多提起。

古代的华北平原上到处是茂密的森林，西汉以后随着农业的持续开发，以及战火连天的中原逐鹿，尤其是宋元时期的乱砍滥伐和战火焚毁，致使森林覆盖率迅速下降，气候环境也随之不断恶化。华北平原是中国的粮仓，历史上各方势力拉锯式的争夺更使华北平原的生态环境变得脆弱。华北平原耕地面积虽然占全国的三分之一以上，但水资源量占全国的不足 6%，水资源不足的问题历来十分突出。

脆弱缺水的生态环境、看天吃饭的现实无奈，是世世代代生于斯、长于斯的人们不得不面对的痛苦。生长在水乡泽国、鱼米之乡的人们生平少有缺水的经历，自然体会不到北方干旱缺水、靠天吃饭的痛苦。林县地处华北平原边缘，太行山区自然条件更不比平原地区，缺水问题更加突出。如果没有深入了解旧时林县缺水的严重程度，自然无法体会当地人遭遇的缺水煎熬。受到的煎熬有多深，内心的渴望就会有多大。如果说一般人对“渴望”的理解不过是一种比喻或修辞，那么林县人的“渴望”则是深入骨髓的生活认知。

抗战时期林县北部就是抗日根据地，浊漳河北岸不远就是八路军 129 师师部所在地，国民党新五军驻扎在林县的中部和南部，日伪军则盘踞在 50 公里外的安阳。太行山前是敌我双方摩擦斗争的前沿阵地，老百姓的生活也异常艰苦。1944 年 4 月林县全境解放，人民群众政治上已经翻身，但经济上仍然落后贫瘠，“早上糠、中午汤，晚上稀饭照月亮”的状况并没有得到有效改观。当年的县委书记杨贵在半个世纪后接受采访时回忆起初到林县的所见所闻，忍不住当场潸然泪下：“我在前线打仗的时候那儿就比较困难了，到那个地方吃饭，比在前线打仗的时候还要困难。我到了那里看了以后，哎呀，有时我都掉泪了。林县是个解放早的老区，可以说在政治上翻身了，那经济上还贫困得厉害。”他的话一点儿都不夸张，完全是源于一次下乡的亲身经历。

有一次他下乡时路过一个村庄，正赶上老乡家吃午饭。当他目睹老乡碗里的食物时简直不忍直视：这哪里能称得上是饭，分明是喂猪用的糠混杂着一些红薯叶。小孩子吃完后还是一个劲儿喊饿，但是大人不能再给他吃了，否则剩下的日子里全家可能就揭不开锅了。对于这位初来乍到的年轻人而言，眼前的场景实在是太过于刺激和扎心，也让他暗暗下定了决心，一定要改变林县贫穷落后的面貌。此后，他的青春就和这个朴素的使命牢牢地捆绑在了一起。

缺水是制约林县发展的最大瓶颈。新中国成立后，全县 98.5 万亩耕地中，仅有 1.2 万亩水浇地。全县 550 个行政村中，吃水困难的村就有 307 个。其中，每天跑二三公里取水的村有 181 个，5 公里以上取水的村 94 个，10 公里以上取水的村 32 个。恶劣的生存条件锤炼了林县人民倔强的性格。他们不断地打旱井、挖旱池、修水渠，想尽一切办法收集天上的水、留住地上的水、用好手中的水，内心一直渴望有朝一日能够过上不缺水、有饱饭的日子。但是，单凭一家一村、一乡一隅的努力并不能从根本上解决缺水问题，翻身后的农民的土地仍然难逃干涸的境遇。严重缺水已经成为横亘在新生的人民政权面前最大的治理难题。

当年的林县人是如何的惜水如命，现在的人无论如何也想象不到，可杨贵永远忘不了那一次下乡调研的经历。老乡热情地招待县里来的领导，端来一个洗脸盆，里面的水大约一碗上下，浅浅地不过一掬。他知道这里普遍缺水，并没有嫌水少，简单洗过后随手把水倒在了地上。突然间他看到老乡在一旁欲言又止、表情惋惜，赶忙问个究竟。原来老乡本来是想把他用过的洗脸水拿出去喂猪，谁知道就晚了那么一步，一把没拦住，洗脸水被他给倒掉了。他听后十分震惊，老乡倍加珍惜的水就这样让自己给白白地浪费掉了，心里一阵阵懊悔。在当时的林县，惜水如命根本不是什么比喻，那就是人们真实的生活。北部山区很多村庄的老百姓甚至连正常的吃水都成问题，洗衣服、洗脸更是一种奢侈。他们平时就连刷锅水都要留着一用再用，直到浑浊得实在无法再用，才会拿去喂牲口或浇到地里。

孩提时也就是 20 世纪 80 年代后期，我曾经随大人们到一个山村走亲戚，无意间发现院子里有一眼特别奇怪的井，里面居然没有水，与我们村里的水井完全不一样。后来才知道，那就是专门用来收集雨水的旱井。绞尽脑汁把所有能够收集起来的水加以充分利用，是当年饱受缺水困扰的人们每天要考虑的头等大事。

为了应对水旱灾害等自然挑战，农业文明中的人们必须培育一种集体主义精神，依靠集体的智慧和力量获得个人更好的生存机会。进行大规模的治水以创造更好的农业生产条件，客观上需要一个强大的组织力量来统筹协调。这一使命历史性地落在了中国共产党人和新生的人民政权的肩上。

水利是农业的命脉，也是国民经济恢复的基础。新中国成立后百废待兴，通过兴修水利增产增收，迅速恢复经济民生，是摆在新生的人民政权面前迫在眉睫的大事。“农业的恢复是一切部门恢复的基础，没有饭吃，其他一切就都没有办法。”[①]国外反华势力的封锁禁运，阻碍了中国对外开放的通道，主要依靠自己的内生增长和快速发展是当时新中国的唯一选择。对于一个农业大国而言，水利是命脉所系，也是国民经济恢复的前提。为了加快国民经济发展，中共中央和政务院加强了水利和水土保持工程建设，制定了有关方针政策，推动了我国水利和水土保持事业快速发展。“国家从减轻赋税、发放农贷、疏导供销、推广技术、奖励丰产等方面，特别是从动员群众兴修水利方面，大力促进农业生产的恢复和发展。国家在财政仍很困难的情况下，拨出大笔资金用于水利建设。三年间，全国直接参加水利建设的总人数达二千万，完成的土方约十七亿立方米，相当于二十三条苏伊士运河。这是我国有史以来从未有过的大规模水利建设。著名的根治淮河工程、官厅水库工程、荆江分洪工程，都是这时开始动工和加紧进行的。”[②]全党上下、全国各地按照党中央和政务院的部署，迅速掀起了水利建设和水土保持工程建设的热潮。

严重缺水和水土流失并生，严重制约了林县的经济发展，同时也对治山治水提出了更为急迫的要求。面对全国大兴水利、发展生产的浪

① 《周恩来选集》下卷，人民出版社 1984 年版，第 5 页。
② 《中国共产党的七十年》，中共党史出版社 1991 年版，第 251 页。

潮，革命老区林县也当仁不让、奋勇争先。在县委领导下，林县人民发扬老区艰苦奋斗的优良传统，从国民经济恢复时期 (1949 年 10 月—1952 年) 开始，就如火如荼地开展以打旱井、修渠道、挖池塘、引山泉为中心的兴修水利活动。

修渠引水是有效解决缺水问题的好办法。林县历史上就有修渠引水的传统。古代有文字记载的水渠有元代的天平渠、明代的黄华渠和洪山渠（谢公渠）、清代的桃源南渠、北陵阳渠、洪山南渠、峪门口渠、古城渠、郭家园渠等。近代以来有武家泊渠、南陵阳渠、嘴上渠、河南园渠、盘阳渠、益民渠等。抗战时期又修建了木家庄渠、抗日渠、爱民渠等。受当时的技术条件所限，上述水渠普遍规模不大，主要是用来解决人们的吃水问题。

新中国成立后，林县开始了兴修水利、发展农业生产的积极探索。1951 年，城关区政府领导群众扩建了始建于元朝的天平渠，并改名为爱国渠，不仅解决了沿线村庄群众及县城居民的日常吃水问题，还可以灌溉 5000 余亩耕地。合涧区委动员群众兴修了一条长 6 公里、深宽各 0.7 米的建设渠，受益耕地面积 2000 亩，还扩建了抗战时期始建的爱民渠和益民渠。爱民渠当年由八路军太行军区第七军分区司令员皮定均领导下建设。这位在“中原突围”中功勋卓著的传奇将领就是在林县办的结婚仪式。1952 年，姚村区委也带领群众修建了一条长 8 公里，宽、深各 1 米的建民渠，受益耕地达 1 万亩。这些引水渠虽然规模也不算太大，但在解决吃水问题的同时也灌溉了不少耕地，为以后大规模兴修水利打下了一定的基础。

引山泉水是缓解山区缺水问题的重要途径。1952 年，林县县委书记王大海和任村区委书记宋玉山、李运保同桑耳庄村的省农业特等劳动模范成百福一起，带领群众苦干一冬一春，修成了一条长达 3.5 公里的瓦管渠，引附近山泉水入村，还分片安装了 6 个自来水龙头，解决了全村 380 户村民的吃水困难。山沟沟里第一次有了自来水，老百姓足不出村就有水吃，迅速成为轰动一时的新鲜事儿，引来了四方群众前来参观学习。潺潺泉水的流入改变了这个曾经因为一担水的倾倒酿成家庭悲剧的小山村，人换精神地换装，家家变了新模样，再也不会出现像解放前桑林茂老人一家含恨远走的情况。

受桑耳庄村成功引水的启发，1953 年河顺区马家山村党支部带领 200 多名群众经过半个月的紧张施工，开挖了一条地下输水管道，用瓷管把附近西沟里细小的泉水引进村里，不但解决了 273 户吃水问题，还能够灌溉 80 多亩耕地。曾经“担水胜取经，吃水似油盐”的马家山村破天荒种上了水浇地，村民们第一次吃上了水浇菜，村庄面貌发生了巨大变化。有群众作诗表达心情：“一股泉水流进村，马家山村气象新。吃水痛苦一扫光，每年能省八千工。感谢党的好领导，从此扎下幸福根。”太行山深处的石板岩区高家台村也积极地向马家山村学习，村民们把山上的小溪汇集起来，修建蓄水池、石水槽、石水仓，实现了吃水自流化、高山梯田水利化，立刻成了四邻八乡羡慕的对象。

林县县委及时总结基层典型经验，因势利导提出了“村村办好一件事”的号召，全县迅速掀起了建水窖、筑水槽、挖山泉、打旱井、挖旱池的劳动热潮，推动了小型水利设施的发展。这些小水利虽然规模有限，却实实在在地教育了干部群众，让大家看到了兴修水利带来的巨大实惠，为后来大规模治山治水打下了良好的心理基础。

时间很快就到了 1954 年，日后被称为“红旗渠总设计师”的杨贵正式调入林县任县委书记。此后“杨贵”这个名字就与林县和红旗渠紧紧地联系在一起，再也没有分开，“杨书记”也成为载入林县史册的一个专有名词，常常被人们津津乐道地谈起、饱含深情地回忆。

杨贵 1928 年出生于南太行山东麓的河南省汲县（今卫辉市）狮豹头乡罗圈村，毗邻林县南部重镇临淇。他 3 岁丧父，母亲历经艰辛拉扯他长大。他 8 岁入私塾就学，13 岁因抗战爆发辍学务农。受党组织的影响，他积极组织当地群众开展抗粮抗捐运动，屡遭日伪军追捕，几次死里逃生。15 岁时他加入中国共产党，建立了中共罗圈村党支部并任支部书记，很快当选为汲县一区农民抗日救国会副主席。1945 年春，他任淇县五区各界抗日联合救国会主席，多次参加对日伪军的战斗。抗战结束后，先后任淇县二区区长、六区区委书记兼区长。新中国成立后，先后任淇县县委委员、县委办公室主任兼五区区委书记、汤阴县委宣传部部长、安阳地委办公室副主任。

正式任职林县之前，杨贵有过成功的基层“蹲点”经历。1953 年 2 月，时任安阳地委办公室副主任的杨贵带领工作组到安阳郊区郭王度村蹲点。工作组深入田间地头开展增产调研，之后向村党支部提出开展保头多、保穗大、保籽饱的“三保”活动的建议，以及上追肥、适时浇水、春锄春耙、消灭病虫害等举措。在群众积极响应下，郭王度村取得了夏季丰收，全村亩产小麦 338 斤，比 1952 年增产 30%。工作组联手村党支部再接再厉，针对秋季棉花和谷子作物特点，又提出了“一匀两保”（即合理确定棉花、谷子的株距和作物数量）等具体措施。郭王度村很快又取得了秋季丰收，谷子单产 300 斤，比上年增产 1 倍，棉花单产 70 斤，比上年增产 40 斤。一年之内夏秋两季农业全部夺得大丰收，郭王度村的经验立即引起了安阳地委和河南省委的高度重视。《河南日报》刊发社论《安阳郭王度的事实告诉我们些什么？》，号召全省干部改进工作方法和工作作风。1953 年秋，杨贵带领工作组来到林县帮助抗旱种麦。1954 年春节后，工作组又重返林县帮助抗旱保苗。

为了尽快改变林县贫穷落后的面貌，1954 年 5 月组织上正式将杨贵调入林县工作，8 月初任县委第一书记。下车伊始，杨贵就深入基层开展调查研究，时间长达 3 个多月。他白天深入山村农舍、田间地头了解民情，晚上翻阅县志掌握第一手资料，努力寻找从根本上改变林县贫穷面貌的路子。他一一梳理了林县发展中面临的难题，最后准确地抓住了“缺水”这一“牛鼻子”，很快提出了山水田林路综合治理、农林牧副渔全面发展的工作思路，并主持起草了《中共林县县委 1954 年山区工作意见》，开启了山区治理的艰难探索。

成长于南太行东麓的杨贵，自然理解高山的巍峨和山洪的暴虐，面对林县的发展难题，并没有简单地高喊“人定胜天”，而是努力地“摸大自然的脾气”。从战争中走来的他深知，打胜仗、解难题首先要头脑清醒，充分尊重对手，这样才可能战胜对手，征服大自然必须摸准大自然的脾气。不动脑子、不顾实际条件的蛮干硬干不仅于事无补，反而会把自己撞得头破血流，甚至可能要交上昂贵的学费。林县县委班子成员几乎都是太行山人，这些从风里雨里摸爬滚打出来的人最懂得实事求是，那些从硝烟中习得的经验方法早已深深地烙在心里。他们彼此心意相通，更容易统一思想、形成战斗合力。

杨贵牢牢抓住“缺水”这一主要矛盾，决心动员广大干部群众横下一条心，大做“水”文章，大打翻身仗。他深入挖掘桑耳庄、马家山引水进村的典型案例，召开现场会议组织党员干部参观学习，并在广大干部群众中广泛开展“桑耳庄、马家山能办到的，其他地方能不能办得到”的大讨论，引导大家充分认识搞好水利建设的重要性，深入发动干部群众凝心聚力治山治水、建设山区，用勤劳的双手一步步改变林县贫穷落后的面貌。

通过大规模兴修水利迅速恢复农业生产，是新生的人民政权治国理政的最优选择。1955 年毛泽东主席发出加强农田水利工作的指示，指出兴修水利是保证农业增产的大事，小型水利是各县各区各乡和各个合作社都可以办的，十分需要定出一个在若干年内，分期实行，除了遇到不可抵抗的特大的水旱灾荒以外，保证遇旱有水、遇涝排水的规划，要求“每县都应当在自己的全面规划中，做出一个适当的水利规划”[①]。此后，全国各地迅速掀起农田水利基本建设运动，荒凉的林县很快迎来了治山治水的高潮。

1956 年 1 月 30 日至 2 月 5 日，中共林县县委、县人委召开水利工

① 中共中央办公厅编：《中国农村的社会主义高潮》，人民出版社 1956 年版，第 206 页。

作会议，贯彻党中央对大搞小型水利工程建设的指示精神，确定农田水利工作意见，积极举办农田水利、保证农业增收，结合林县山区特点和合作化运动蓬勃开展的有利形势，继续开发各种水源，积极开新渠、扩旧渠，打水井、旱井，挖山泉、建水库，发展机械灌溉，加大水土保持力度，做好防洪排涝。林县上下认真贯彻执行群众路线、实事求是和勤俭办水利的方针和原则，发动群众集中力量治山治水，努力利用河里水、挖掘地下水、蓄住天上水，很快取得了不俗的治理效果。

这期间最引人注目的当数县域北部的“天桥渠”。浊漳河畔的村庄很早就有修渠引水灌溉农田的历史，如民国时期的峪门口渠和古城渠。1955 年冬，任村区委动员浊漳河沿岸各村自筹资金、自备物料、自带工具和干粮，充分利用农闲时间从山西省平顺县马塔村下修渠引水，努力改变浊漳河两岸村庄“守着漳河种旱地，守着漳河没水吃”的历史。2000 名干部群众发扬艰苦奋斗精神，花费一冬一春之功，建成了一条总长 17.7 公里的水渠，成功地引来浊漳河水，使 5000 亩旱地变水田、3000 亩水稻不靠天、高山丘陵园林化、满川稻田变“江南”。由于渠道经过河南和山西之间的“天桥断”险道，故命名为“天桥断渠”，后称“天桥渠”。除了引水灌溉农田外，人们还利用沿线渠水落差修建了 5 处水力发电站，安装了水磨用来加工粮食。天桥渠从山西引水的做法对后面的引漳入林起到了推动作用，其综合利用水利的做法对后来的红旗渠建设也具有不小的启发意义。

北部大干快上，南部也不遑多让。1955 年冬到 1956 年 9 月，县委组织淇河两岸群众改造和扩建了淇河渠。淇河渠总干渠长 1.4 公里，下分淇北和淇南 2 条干渠，总长 44 公里，支渠 9 条，总长 61.8 公里。作为林县南部重要的引水灌溉工程，淇河渠改扩建后改善了用水条件，促进了工农业发展，带来了巨大的经济社会效益。

天桥渠和淇河渠一北一南遥相呼应，虽然整体规模并不算太大，受益面积也有限，却充分体现了新生的人民政权积极发展农业生产、恢复民生经济的不懈努力，也为下一步深入开展更大规模的治水奠定了良好基础。

这一时期林县的农业合作化运动稳步向前推进，为大规模治水提供了强有力的组织保障。林县是老解放区，土地改革后就出现了生产变工队、劳动互助组、常年互助组等互助合作形式。1949 年底，全县 40% 的农户加入了互助组，1951 年这一数字达到 70%。组织起来的农民在兴修水利和发展生产方面表现出了前所未有的优势，更加激发了人民开展互助合作的热情。1953 年 2 月，党中央发出《关于农业生产互助合作的决议》，引导农民组织起来克服小农经济的弱点，形成一种新型的协作分工的生产关系。6 月，中共中央政治局扩大会议确定了党在过渡时期的总路线，即在一个相当长的时期内，逐步实现国家的社会主义工业化，逐步实现国家对农业、手工业和资本主义工商业的社会主义改造。此后，互助组开始向初级农业生产合作社过渡。1956 年春，全县 2500 个初级农业生产合作社合并为 344 个高级农业生产合作社，入社农户 108232 户，占农户总数的 99.87 %。

高级农业合作化的实现彻底改变了农村的生产关系。人力、物力和财力等资源统一集中到人民公社后，原来的季节性半农闲转变为季节性全农闲，那些需要集中力量才能办成的大事得以有效开展。农民开始摆脱过去只能开展小规模治水的束缚，依靠集体力量大兴水利，改天换地的劲头也越来越强劲。通过全面制定规划，集中人力物力财力，林县迅速掀起了以兴修水利和防治水土流失为中心的治山治水运动。治山治水以点带面，从小型到大型，规模越搞越大，成效也更加明显，大大增强了全县人民“敢教日月换新天”的胆量，有效积累了“重新安排林县河山”的经验，为后来引漳入林奠定了深厚的思想基础和坚实的技术基础。

1957 年是中国水利史上的一个重要年份，也是林县水利建设史上的关键节点。1 月 18 日全国水利会议在北京举行，会议提出要贯彻执行群众路线以及1957年水利建设的方针和任务。5月24日，国务院全体会议第49次会议通过《水土保持暂行纲要》，并决定设立全国水土保持委员会。9月24日，中共中央、国务院发布《关于今冬明春大规模开展兴修农田水利和积肥运动的决定》，全面总结过去几年来特别是1955年冬季和1956年春季水利建设高潮时期的经验教训，指导全国各地于今冬明春大规模开展兴修农田水利和积肥运动。党中央、国务院的上述决策部署迅速在全国范围内掀起了1957年冬、1958年春的农田水利建设高潮，近1亿人参加了这一运动。

新中国成立后，林县县委经过深入调研，认识到要想让山区由穷变富，必须搞好水土保持，发展多种经营。1952年，县政府发动群众进行荒山划界，禁止陡坡开荒，开展植树造林，拦蓄洪水。1956年，县委贯彻中央“全面规划，综合开发”的山区建设方针，采取农、林、水综合治理的方法，努力治山治水，控制水土流失，很快走在了全国前列。

林县治山治水、建设山区成绩突出，很快得到了上级肯定。1957年11月1日，中共中央农村工作部在北京召开全国山区生产座谈会。会议由国务院副总理兼中共中央农村工作部部长邓子恢主持，各省区市负责农业的书记或副省长参加，受邀参会的还有包括杨贵在内的全国10多位县委书记。杨贵在大会上就林县的干旱缺水、地方病及治山治水建设情况所做的专题发言，立刻吸引了在场的中央领导和各省区市领导同志的注意。原定发言时间只有30分钟，在大家的鼓励下杨贵讲了整整一个上午。后来国务院办公厅遵照周恩来总理指示，专门安排杨贵汇报了一次林县山区建设情况。国家轻工业部也邀请杨贵作了一次专题报告，详细介绍林县山区建设经验。11月18日，朱德副主席到会并作题为《必须重视和加强山区建设》的重要讲话，指出开发山区资源对于推进社会主义建设具有重要意义，山区建设的方向应从原来的自给自足经济发展成为全国统一经济的一部分。他在讲话中充分肯定了林县治山治水的经验，号召大家好好研究和学习林县的经验。他的讲话点燃了全国各地加快山区建设的热情，也让杨贵更加坚定了继续带领干部群众治山治水、加快山区建设的信心。

1957 年 12 月 13 日—31 日，中共林县第二届代表大会第二次会议召开。会议贯彻中共八届三中全会和全国山区生产座谈会议精神及中共河南省党代会决议，总结 1957 年工作，部署 1958 年工作。杨贵主持会议并作题为“全党动手，全民动员，苦战五年，重新安排林县河山”的报告。会议动员广大党员干部要带领全县人民走向征服大自然的伟大征程，下定决心，顽强地与大自然做斗争，让太行山低头，让淇、淅、洹、漳河听用，逼着太行山给钱，强迫河水给粮，从根本上改变林县的缺水面貌。

这次会议是林县发扬愚公移山精神、重新安排河山的誓师大会，是林县山区建设史上的一个重要的里程碑。会议通过了《林县 1956 年至 1967 年农业发展规划（修改草案）》和《关于向山区进军开发山区的决议》，号召“全党动手，全民动员，苦战五年，重新安排林县河山”。此后，“重新安排林县河山”这一气壮山河的口号很快风行全县、深入人心，成为 55 万林县人民气吞山河、战天斗地的精神旗帜。十年后，山西省昔阳县大寨村党支部书记陈永贵带队来到林县参观，深受红旗渠建设成绩感染，回去后很快也响亮地提出了“重新安排昔阳河山”的口号。

按照党中央提出的“全面规划，综合发展”山区建设方针和“以小型为主，以社办为主，以蓄水为主”的水利建设方针，数万名林县干部群众开始在太行山的山岭沟壑里摆开了阵势，鼓足干劲开渠引水、筑库蓄水、挖泉掘井，迅速掀起大规模治山治水的高潮。各公社大队按照“社办为主”的方针，坚持集中力量、团结协作，又快又好地建成了一批中小型水利工程。其中，最具代表性的水利工程就是“英雄渠”。

“英雄渠”原名淅河渠，最初修建目的是控制淅河水患。淅河河床异常陡峭，一遇山洪暴发就危害两岸。“淅河水弯又弯，两岸人民真苦寒，守着河水种旱地，吃水得到河底担，一见大雨山洪起，人畜财产难得安。”当地的这首民谣道出了人们面对淅河的无奈和心酸。1956 年春淅河渠开工建设，16 万元的国家拨款花完了才修了不到 1/3。由于经费缺乏再加上赶上夏收农忙，淅河渠工程被迫于当年 6 月停工。

县委认真总结前期的经验教训，认为修渠不能完全依赖国家扶持，必须坚持自力更生的方针，充分依靠自身力量去赢得工作上的主动。县委、县人委经过认真研究，最后决定采取“谁受益，谁出工出钱”的办法，动员淅河下游沿途各个村庄的群众，在淅河流域新建一条比原来更大规模的引水渠道，不仅要彻底消除水害，还要大兴水利，有效解决沿岸农业灌溉和群众吃水问题。

1958 年 1 月 13 日至 14 日，林县县委在合涧召开淅河渠建渠民工代表会议，杨贵做了题为“动员参加建渠的群众，战胜一切困难，为完成建设淅河渠任务而奋斗”的报告。会议通过了施工方案决议，成立了以杨贵为主任的淅河渠建渠委员会，并根据杨贵提议将淅河渠命名为“英雄渠”。会后 568 名共产党员和共青团员带领 8000 名修渠民工顽强奋战在太行山的陡坡恶崖上，先后凿通英雄洞等众多隧洞，建成建筑物 81 个，创造出不少新爆破方法和明窑烧石灰技术，完成挖土方 19.2 万立方米、石方 16.2 万立方米、垒砌方 6.4 万立方米，投工 87.1 万个。由于思路正确、组织得力、措施得当，英雄渠 1957 年 12 月 12 日复工，1958 年 5 月 1 日就实现竣工通水，整个建设时长不到五个月。

英雄渠渠首位于晋、豫边界的苏家坪村西，拦河坝全长 80 米，整个渠道由一条干渠和四条支渠组成，全长 203.8 公里。干渠全长 12.7 公里，渠底宽 3.2 米，渠墙高 2.2 米，设计流水量 8 立方米 / 秒。四条支渠串起 1861 个库塘和 269 个旱池，还修建了四座电站，带动了淅河两岸的工业、农业、林业、畜牧业发展。整个淅河灌区实现了高山梯田水利化，改善了周边 351 个村的用水条件，灌溉了 12 万亩耕地，解决了 8 万人的吃水困难。受益的老百姓纷纷从心里面歌唱：“英雄渠，弯又弯，英雄渠上笑声欢。一川清水山腰过，满谷金黄尽稻田。旱涝灾害都不怕，亩产千斤小江南，牛羊成群树满山，子孙幸福万万年。”1958 年 7 月 1 日，林县人民英雄渠建渠委员会专门建设了一座英雄渠纪念碑以示纪念，碑文详细地记述了这一宏伟工程的建设过程以及人民群众战天斗地、改造山河的丰功伟绩。

英雄渠对林县水利建设事业产生了深远影响。如果仔细留意英雄渠的上述信息，就会觉得有点儿似曾相识，好像和红旗渠有着某种联系。实际上，红旗渠自始至终就与英雄渠血脉相连，英雄渠的建设从思想上、实践上和技术上为继后的红旗渠奠定了坚实基础。研究红旗渠，无论如何也绕不开英雄渠。

英雄渠从山西省引水，沿着太行山建渠，干支渠不仅长度长，而且施工难度大，人们自力更生、艰苦修渠，可以说是为红旗渠提前打了一个样本。英雄渠就是红旗渠的“试验田”，红旗渠就是放大了的英雄渠。修建英雄渠时确立的“自力更生”的修渠方针，“谁受益，谁出工出钱”的工作原则，组织严密、运转高效的管理体制机制，“十项安全管理制度”“四项劳动纪律”“六项财务制度”“五项群众纪律”等系列制度要求，以及从实践中积累的施工经验和技术方法，后来全部应用到了红旗渠建设中。最值得称道的是，七年之后，红旗渠一干渠自北向南延伸，与早已久候的英雄渠成功汇合，成就了“红英汇流”这一激动人心的牵手，缔造了一份血脉相连的传奇。

英雄渠无疑是当时颇具规模的水利工程，建设期间就吸引了全国各地的人们前来参观、访问和慰问，刚刚建成就成为全国农业和水利战线上的一面旗帜。看过英雄渠的人们纷纷题写贺词和观感，盛赞英雄的人民创造了伟大的英雄渠，抒写着内心的感动和激励。中央新闻纪录电影制片厂特意派遣一个摄制组前来林县采访拍摄。摄制组来到林县后，发现这里正在修建一条比英雄渠的规模还要大的引水渠，于是开始跟踪拍摄红旗渠，时间跨度近十年之久。

红旗渠一干渠自北向南延伸，与早已久候的英雄渠成功汇合，成就了“红英汇流”这一激动人心的牵手，缔造了一个血脉相连的传奇。（拍摄 / 魏德忠）

试想，如果没有英雄渠大名远扬，就引不来中央媒体关注。如果新影厂没来林县拍摄英雄渠，自然也不会有跟拍红旗渠建设过程的机缘。在影像技术落后、电影胶片紧俏的当年，能够留下影像资料的机会的确是万里无一。倘若没有这些珍贵的影像资料记录，红旗渠日后想要名扬天下，恐怕也缺凭少据、空口难言。红旗渠竣工后，纪录片《红旗渠》开始在全国公映，《人民日报》《光明日报》等中央媒体特意设立专版集中刊发观后感和影评，许多省、地、县也专门组织社队干部群众观看和讨论影片。山高地远的林县和红旗渠就这样在万众瞩目中走向了全国，成为那个时代里耳熟能详的名字。

除了英雄渠外，还有一条渠也与红旗渠有缘，那就是漳河支流露水河上的“抗日渠”。时间回溯到 1944 年，河南连年大旱，当时的林北县抗日民主政府以工代赈，组织贫苦农民开工修建一条引水渠，建了一小段后因战事紧张而停工。1957 年冬该渠重新复工，1958 年 5 月竣工。任村公社 10 个农业社的群众逢山凿洞，遇沟架桥，建成了宽 1.55 米、深 1 米、全长 26.5 公里的引水渠道，灌溉面积达 7000 亩，有效解决了周边村庄 1 万多人的吃水问题。由于肇始于抗战时期，该渠后来被命名为“抗日渠”。今天我们乘车前往红旗渠青年洞景区参观，路过任村镇清沙村西时会看到一个巨大的渡槽从头顶凌空跨过。整个渡槽长 110 米、高 20 米，就是当年为了让渠水跨越清沙河谷而架设。抗日渠与红旗渠同处一域，一个引的是浊漳河支流的水，一个引的是浊漳河水，算得上是至亲近邻，骨子里传承的都是太行精神。

引得来水是关键，蓄得住水是根本。1958 年 3 月，国务院在新乡召开水利工作会议，讨论治理卫河问题，治理方案是上游“摘帽”、下游“脱靴”，即上游建水库，下游疏浚河道。为了落实会议精神，林县县委经过认真研究，决定上马修建要街、弓上、南谷洞三座中型水库，继续修筑渠道，搞好小型水库建设。此时的人们信心十足，普遍认为只要建成这三座较大规模的水库，就可以毕其功于一役，彻底解决全县境内的农业灌溉问题，把林县建设成为社会主义新山区。

要街水库位于与林县南部接壤的辉县境内。1958 年 3 月动工，1959 年 7 月竣工。坝顶长 265 米，高 21 米，底宽 150 米，顶宽 5 米，设计库容 720 万立方米，总投工 252 万个，完成土石方 82 万立方米。工程指挥部指挥长先后由秦太生、马有金担任。要街水库地跨林、辉两县，建成后水事纠纷不断，后收归河南省水利厅管理，由辉县代管。

弓上水库位于淅河上游的弓上村，毗邻山西省壶关县，是集防洪、灌溉和发电为一体的综合性水利枢纽工程。1958 年 4 月动工，1960 年完成主体工程。坝顶长 274 米，宽 6 米，高 50.3 米，为黏土芯墙沙壳砌石结构，设计总库容 2710 万立方米。弓上水库建成后，通过调蓄洪水，有效治理了淅河水患，成为英雄渠水源。工程指挥部指挥长先后由马有金、申锡让、张中和担任。

南谷洞水库位于太行大峡谷内的露水河谷。1958 年 4 月动工，1960 年 7 月完成大坝主体工程。坝基长 58 米，底宽 360 米，高 78.5 米，坝顶长 205 米，顶宽 10.3 米，为黏土斜墙堆石沥青护面结构，设计总库容 6380 万立方米。工程指挥部指挥长先后由李贵、杨静朝、马有金担任。南谷洞水库建成蓄水后，很快就为红旗渠总干渠进行了补水。如今南谷洞水库和弓上水库都是林州市区饮用水源。

此外，还有一座位于临淇镇石门河上的石门水库。1958 年开工，坝高 22.5 米，长 246 米，设计库容量 100 万立方米。后经改造扩建，最大库容量达 1090 万立方米。

在各级党组织强有力的领导下，林县的治水运动取得了巨大成绩。全县陆续建成了英雄渠、淇河渠、抗日渠、天桥渠等引水渠道，以及弓上、要街、南谷洞等中小型水库，还建设了数量庞大的池塘、旱井、水井等小型水利设施，较大地改善了农业生产条件。这些可喜的成绩来之不易，是广大干部群众数年来热血奋战、努力拼搏的结果，同时也初步夯实了林县农业生产的基础。

大规模治水的同时，林县在治理水土流失方面也有不俗表现。1957年3月3日—7日，中共林县县委召开农业生产合作社社员代表会议，讨论通过了《千方百计力争1957年农、林、牧、蚕业丰收的决议》。杨贵在会上作了《发动全党全县人民争取全面丰收》的报告，分析了农村情况和增产的有利条件，提出了变旱地为水浇地、变坏地为良田、变低产为高产、变劣种为良种、变秃山为绿林、变少畜为多畜、变少肥为多肥、变沟湾为谷坊水库、变过水地为存水地、变落后技术为先进技术的“十变”治理措施，号召人们要以最大决心搞好“十变”，与大自然做斗争，发掘山区潜力，实现“花果山，米粮川，骡马成群猪满圈”。此后，全县范围内迅速掀起了以“十变”为主攻方向的治山治水运动高潮，很快涌现出了庵子沟、高家台等一批先进典型。

庵子沟村是水土保持的先进典型。全村27户、136口人，182亩零碎山坡地，村子既不临河无法引水，山上也挖不出山泉、打不出水井。“庵子沟灰溜溜，十年就有九不收，亲戚朋友断来往，光见松鼠爬岸头。”村党支部为改变贫穷落后的面貌，1953年开始带领群众植树造林、治理山坡、保持水土。1955年，村党支部根据村庄的地理特点，提出了“高山远山森林山，近山浅山花果山，山顶植上松柏树，山腰缓坡修梯田”的规划。村党支部委员石子鸿仔细琢磨山洪形成规律，每逢下雨就到山上观察水情，逐渐总结出“水是一条龙，先从山头行，治下不治上，等于一场空”的宝贵经验。经过实践，村党支部制定了“从上治起，节节拦蓄，排蓄结合，上下兼治”的治山治水、控制水土流失的方案，对山坡进行全面规划，分片治理。经过两年苦干，全村在山上挖鱼鳞坑3.39万个，修排洪渠17条，渗水渠30条，蓄水池59个，拦河坝36座，整修梯田736块，打水井2眼。庵子沟村经过了山水综合治理，实现了汛期洪水不下山、土不出田，1957年粮食亩产达到了151.5公斤，比1953年亩产60公斤增产1倍多。“灰溜溜”的庵子沟，从此以后真的变成了人见人夸的富山沟。

人们带着移山填谷的热情奋战在建筑工地上，碎石滚落，浓烟弥漫。（拍摄 / 魏德忠）

南谷洞水库坝基长 58 米，底宽 360 米，高 78.5 米，坝顶长 205 米，顶宽 10.3 米，为黏土斜墙堆石沥青护面结构，设计总库容 6380 万立方米。（拍摄 / 秦建成）

庵子沟村的水土保持经验很快得到了县委的认可。1958年1月1日至4日，县委专门在庵子沟村召开县委全体（扩大）会议，大力推广庵子沟村治理水土流失的经验。杨贵在会上作“鼓足干劲、苦战三年，为基本控制林县水土流失而奋斗”的报告，指出林县水土保持工作的方针是发动群众，以发展农业为主，并在大力发展林、牧、蚕、副业生产的基础上，实行全面规划、因地制宜、综合治理、集中治理的方针，做到水土不流失，洪水不下山。县委根据会议讨论意见正式形成《为基本控制林县水土流失而斗争的决议》，号召在全县范围内广泛开展创建“一千个庵子沟”的运动，动员全县人民向山区进军、大搞水利建设。

创建“一千个庵子沟”的运动激起了全县人民的奋斗热情。按照县委的统一部署，15万群众认真贯彻“全面规划、因地制宜、集中治理、连续治理、综合治理、沟坡兼顾、治坡为主”的方针，学习庵子沟“四防”“四治”的方法，全力奋战在大大小小的山岭沟壑中。人们修渗水沟、防洪堤，挖旱池、旱井，建蓄水库、鱼鳞坑、排水渠，筑梯田，垒石岸，植树造林，绿化山坡，农忙小干、农闲大干，努力改造大自然，向穷山恶水开战。三个月时间内，全县涌现出了370个“庵子沟式”的水土保持先进单位。群众在实践中也总结出了治山治水经验：“石头山咱不怕，就凭咱的决心大。四道防线布置好，保证洪水跑不了。植上树造成林，树下挖着鱼鳞坑。拦洪沟夹在中，蓄洪坑内把水存。拦坝堰筑谷坊，水库就在沟里藏。蓄水工程布满地，就地可把蛟龙降。”

经过大规模治山治水，全县水土流失很快就基本上得到了遏制，山区面貌发生了巨大变化。“高山远山森林山，低山近山花果山；梯田川台米粮川，骡马成群猪满圈；沟沟有水库，梯田全能灌；水不下山，土不冲刷；有山皆绿化，无水不清泉，把家乡建成一个社会主义新乐园。”在广大人民群众勤劳的双手中，这些美好的设想正在一步步地变为现实。

林县在治山治水、水土保持方面成绩斐然，很快受到了党和国家的认可。1957年全国林业劳模石玉殿、农业劳模成百福参加了全国农业劳模代表大会，受到毛泽东主席、周恩来总理等党和国家领导人的接见。在1958年9月召开的全国水土保持工作会议上，国务院水土保持委员会专门授予中共林县县委、林县人民委员会一面“发扬敢说敢想敢干的共产主义风格，大搞技术革命，多快好省地完成治山治水任务”的锦旗。同年11月1日，毛泽东主席在赴郑州主持召开中央政治局会议途中，在新乡火车站专门接见杨贵等10位县委书记。在与县委书记座谈时，毛泽东做出了著名的“水利是农业的命脉，要把农业搞上去，必须大搞水利”的重要指示。1959年2月27日至3月5日，中共中央政治局扩大会议在郑州召开，杨贵再次见到了毛泽东主席并当面汇报工作。党和国家特别是毛泽东主席的指导和鼓励，成为激励林县广大干部群众继续奋斗的精神动力。

新中国成立后林县蓬勃开展的治山治水运动取得了显著成绩。截至1959年底，全县共修建渠道46条，打水井5652眼，打旱井27120眼，引山泉650处，挖水池2397个，建设中、小型水库36座，可蓄水5100万立方米。挖鱼鳞坑2235万个，修渗水沟26804条，筑谷坊18500座，修梯田47205亩。植树造林面积达1.25万亩。新修成的水利工程和水土保持工程密如蛛网，控制了976平方公里水土流失面积，实现了一次降水200毫米水土可以不下山。水浇地面积由1.2万亩迅速增长到了20.12万亩，解决了307个村、28万人的吃水难题。

大规模治山治水极大地改善了林县的农业生产条件，特别是英雄渠、南谷洞水库等中型水利工程的相继建成，让长期饱受水旱煎熬的林县人民看到了改变命运的希望。几百年来靠天吃饭的被动局面，历朝历代都没有得到解决，却在中国共产党的治理下短短10多年就有了翻天覆地的变化。中国共产党强大的组织动员和社会治理能力让林县人民对未来的新生活充满了希望。

“头可断，血可流，不建设好林县不罢休。”人们对美好生活的向往是如此强烈，但是通向美好生活的道路上却注定是荆棘丛生。林县的治山治水运动虽然搞得轰轰烈烈，但所取得的这些成果到底能不能够抵御旱灾冲击，已建成的各项水利工程成色如何，都需要一个实践检验的机会。

谁也没有想到的是，这一刻竟然来得如此之快，突然之间考验就摆在了人们面前。1959 年持续半年的大旱，让所有人手足无措，同时也看得真真切切。

“十年九旱，水贵如油”的缺水窘境令林县人民“宁愿苦干，不愿苦熬”，立誓要把山河重新安排。引漳入林工程有望将林县人民千年的愿望实现。（拍摄 / 彭新生）

第三章 引漳入林

樱桃好吃树难栽，盼望丰收水难来，想吃樱桃得种树，想得丰收把渠开。

——农民诗人李延昌

在百舸争流、万象更新的新社会里，林县治山治水成绩突出，农田水利基础设施日趋完善，“看天吃饭”的历史似乎马上就要终结。

正当人们乐观地以为已然完成“重新安排林县河山”的目标，缺水再也不是问题之时，1959 年春天开始的大旱却像无情的鞭子一样猛然地抽打着干部群众的万丈雄心。

这场大旱是新中国成立以来最为严重的一次干旱，降水量不及正常年份的 1/10。从春天开始，在持续半年的时间里林县几乎没有下过雨，境内河流几近断流。人们眼见着新建的水渠无水可引，水库池塘渐渐干涸见底，田里的禾苗也日渐枯萎，一些偏远山区又出现了群众翻山越岭取水吃的尴尬场景。

严峻的现实让干部群众纷纷皱起了眉头，原本高涨的心气似乎也低落了不少。“辛辛苦苦干了 10 来年，难道还得看老天爷的脸色过活？”

实践证明，已经建成的水利设施虽然成效显著，但依然经不起大旱考验。这一次大旱，人们再怎么努力地挖山泉、打水井，地下根本不出水，用老办法挖旱池、打旱井，天上没有降水，大河小河断流，水库池塘都成了摆设。大旱面前人们应该何去何从？是低头认命，坐等天赐甘霖，还是主动作为，寻找解决之策？

大旱就是大考。在严酷的现实面前，林县县委头脑逐渐变得清醒。一些人开始认识到局限于县域内的治水并不能从根本上改变缺水问题，要想真正改变靠天“赐”水的被动局面，必须跳出林县地界，主动到外面寻找更为可靠的水源。这一认识在争论中逐渐清晰，最后达成了共识：外出找水，刻不容缓。

坐而论道不是共产党人的性格，引漳入林在小步快走中登上了历史前台。1959 年 5 月 31 日，杨贵等人向河南省委书记处书记杨蔚屏汇报工作时，特意汇报了林县严重干旱缺水的情况，以及准备到县境外寻找新水源的想法。6 月 11 日，县委书记处举行全体会议，专题研究林县干旱缺水情况和水利建设远景规划，一致认为要彻底摆脱干旱缺水的威胁，必须大胆地突破县域局限，去外部寻找更为可靠的水源。会议最后决定组织三个考察组，由县委领导带队，分头到邻近的几个县考察水源。其中，县委第一书记杨贵、县委书记处书记周绍先率一组，赴山西省平顺县考察浊漳河，县委书记处书记兼县长李贵率一组，赴山西省陵川县考察淇河，县委书记处书记李运保率一组，赴山西省壶关县考察淅河。

杨贵、周绍先这一组从河顺公社步行出发，沿途经过东岗、任村两个公社向浊漳河上游徒步考察。途中他们认真考察了天桥渠后得出了结论：浊漳河流经林县时水面海拔低于林县盆地大部，修渠引水必须越过县境北部的坟头岭，才能实现自流灌溉全县大部分土地。天桥渠渠首已经伸入山西境内，但海拔还是远低于坟头岭 470 米高程，再怎么扩建水也越不过坟头岭，因此从县境北部直接修渠引水意义不大。

杨贵一行继续沿着浊漳河向上游走去，终于在平顺县境内有了惊喜发现。这里的浊漳河不仅水量充沛，沿途还不断有较大的山泉水汇入，水量很大，水势喜人。6 月 14 日晚，考察组来到平顺县石城公社，与公社党委书记及石城大队基层干部进行了座谈，详细了解了浊漳河的发源地、枯水季节流量和汛期时的最大流量，以及常年平均流量等水文情况。在掌握了浊漳河常年流量 25 立方米／秒左右、最枯季节流量也有 10 立方米／秒以上、汛期流量更大的情况后，杨贵的心情十分激动，认为从山西省引浊漳河水完全可行，有望解决林县的缺水问题。

林县县委领导组成三个考察组，向三个不同方向出发，准备到县境外寻找新水源。（提供 / 李晓红）

平顺之行让杨贵倍感振奋，回到林县当天夜不能寐，情不自禁欣然赋诗一首：“三河流水汇浊漳，源头高于天桥上。昔日漳河沿旁过，隆虑大地闹旱荒。神州今朝日月变，定叫漳水来我乡。林县山川抿嘴笑，穷村有水变富乡。山清水秀人体好，风吹大地五谷香。青羊里（平顺县古称）人多隆虑，谁不抱腹喜故乡。”他脑子里反复思考着如何引漳入林，长时间趴在地图上仔细研究渠道线路，并用红笔圈定了辛安村、赤壁断、侯壁断等几个可能的引水点。

等到其他两个考察组陆续返回后，一切变得更加明朗：淇河、淅河上游水量不大，不具备大规模引水的条件，只有浊漳河水源充沛，能够实现大规模引水。县委经过认真研究后形成了引漳入林的初步设想，此后就利用各种机会向省委、省人委、新乡地委和专署的领导积极汇报，积极争取上级的支持，推动引漳入林早日上马。1959 年 8 月 22 日，杨贵在郑州开会期间又见到了毛泽东主席，内心深处受到极大鼓舞，更加坚定了尽快启动引漳入林、努力改变林县缺水面貌的决心。

治水就是与大自然作战。林县县委班子成员都是从战争中走出来的实干型干部，决策果断、行动高效是他们的共同特点。9 月 27 日，县委书记处举行会议专题讨论引漳入林事宜，决定让分管农林水的周绍先书记、分管水利的申锡让副县长会同水利局负责前期研究，组织技术人员实地勘测引漳入林线路，尽快拟出可行性方案。

10 月 10 日晚，杨贵主持召开县委全体（扩大）会议，专题研究引漳入林工作。会上杨贵满怀激情地说：“引漳入林是咱林县人的命根子，是咱林县 60 万人民的希望所在。不上这个工程，就难以彻底解决林县的缺水状况，那我们这些共产党人就对不起全县人民。当干部不想法解决百姓的疾苦，就是对老百姓犯罪。有党中央、毛主席的英明领导，有人民公社集体力量的无穷威力，有全县人民的巨大力量和支持，有几年来治山治水的经验，我们一定能够实现‘重新安排林县河山’的愿望。这就是我们主宰大自然的主动权，我们就是要利用这些大主动，克服水源奇缺的小被动。要彻底改变林县干旱缺水的面貌，我看有三条：一是把天上的水蓄起来；二是把地下的水挖出来；三是把外地的水引进来。这三条咱们做了两条，但很不够，第三条从外地引水还没有开始。要在这一条上下大功夫。现在需要我们打出去，到山西境内把漳河水引来。”他的发言铿锵有力，感染力极强，引得大家争先恐后发言，会议气氛异常热烈，讨论也不断深入。最后大家统一了认识、鼓起了斗志，一致认为全县各级党政领导干部，首先是县委，必须站在群众运动的前列，旗帜鲜明地领导引漳入林，大干快干几年，在太行山上开凿一条运河，把漳河水引入林县，彻底告别“十年九旱、水贵如油”的历史。

这次会议是林县发展史上具有深远意义的一次会议，由此正式拉开了引漳入林的序幕。从这一刻起，决定林县未来命运的引漳入林（红旗渠）工程一步步地登上了历史舞台。

“樱桃好吃树难栽，盼望丰收水难来，想吃樱桃得种树，想得丰收把渠开。”在各方的努力和紧密配合下，引漳入林于紧锣密鼓中呼啸而来。

10 月至 11 月，林县水利工程技术人员克服种种困难，迅速完成了引漳入林引水点和渠线测量工作，草拟出了工程方案，对山西省平顺县的辛安、耽车、赤壁断、侯壁断下等几个引水点进行了测量。

11 月 6 日，林县县委向中共新乡地委、河南省委呈送《关于引漳入林工程施工的请示报告》。1958 年 12 月林县随安阳专区并入新乡专区，1961 年 12 月恢复安阳专区，林县复归安阳专区。

12 月 23 日，新乡专署水利建设指挥部向林县水利建设指挥部下发《关于同意林县兴建引漳入林工程的通知》。

1960 年 1 月 16 日，林县人民委员会向新乡专署和河南省人民委员会报送《关于兴建引漳入林工程请示报告》。

24 日，杨贵给河南省委书记处书记史向生写信，请求省委、省人委给山西省委、省人委去函，帮助协商从山西省平顺县境内引漳入林，并

杨贵与县委领导统一了认识、鼓起了斗志，决心在太行山上开凿一条运河，把漳河水引入林县，彻底告别“十年九旱、水贵如油”的历史。（提供 / 李晓红）

委托县委农村工作部部长王才书等人持信专程到郑州向省委领导汇报。

27日（己亥年腊月二十九），河南省委、省人委向山西省委致函，协商从平顺县引漳入林事宜。河南省委书记处书记史向生和秘书长戴苏理同时以个人名义给山西省委第一书记陶鲁笳和书记处书记王谦写信，由王才书等人持信到山西省委专门汇报。

2月1日（农历正月初五），陶鲁笳主持召开专题会议，研究如何解决林县从山西省平顺县引水的问题，并指示中共晋东南地委、平顺县委协助林县选好引漳入林引水点。王才书等人列席了会议。

2月3日（农历正月初七），山西省委书记处书记王谦、副省长刘开基给史向生、戴苏理复信，同意引漳入林工程从平顺县侯壁断下引水。

2月6日（农历正月初十），杨贵收到河南省委书记处办公室函，立即电话通知县委书记处书记李运保着手启动引漳入林工程，下定决心举全县之力修渠，引浊漳河水进入林县。

在岁末年初短短两个月的时间里，引漳入林完成了全部上报工作并得到了新乡专署、河南省委的批复以及山西省委的同意，效率之高可谓惊人。特别是山西省委从收函、研究到复函，整个过程满打满算不超过7天，而且还正值春节期间。如此务实高效的工作状态，对于现如今的我们来说绝对是耳目一新、叹为观止。但这就是当时全国各级党政机构和领导干部的工作状态和时代缩影。因为全心全意为人民服务的理念已经深入人心、化为铁律，凡是关乎人民群众切身利益的事，再小也是大事，一刻也耽搁不得。还有中共晋东南地委、平顺县各级党政领导和广大干部群众也给予了林县大力支持和无私帮助。这些感人的细节是时代真实的印迹，是党心与民心的血肉联结，是社会主义制度优越性的集中体现，不应被历史的尘埃所遮蔽和湮灭，更应该时时常拂拭，不使沾尘埃，让后辈心生敬畏、学而习之。

渴望是最大的发展动力。渴望有多深，动力就有多大。引漳入林的设想并非突发奇想，而是在林县早已有之。针对群众引浊漳河水进入林县的提议，1950 年 5 月，林县县委、县政府委派建设科干部栗永祥和一名技术员考察浊漳河水资源情况。两人携带水准测量仪，徒步深入山西境内浊漳河源头，对水源、流量、引水点、渠线、施工等方面进行初步考察。考察结果表明引漳入林具有可行性。1951 年 11 月，在林县各界人代会上，代表们基于此次考察情况提出了引漳入林议案并经过会议表决通过。鉴于此事特别重大，县委、县政府领导决定以林县人民政府名义直接报送政务院总理周恩来。不久，安阳专署转来周恩来办公室对林县请示报告的批示：兴修水利是件好事，你们的报告很好，像这样大的工程应先向平原省请示（当时林县隶属平原省）。

在 1952 年的人代会上，李运保等任村区代表正式提交了《引漳河入林县灌溉土地》的议案。县委、县政府经过认真研究，决定将议案层层上报省委和中央定夺。后来，党中央派出专家组到林县实地勘测。专家组综合考虑工程浩大、施工难度大、经济实力不足、工程设备与技术人员匮乏等诸多因素，最后没有支持引漳入林。虽然暂时得不到上级支持，但林县人民并没有轻言放弃，此后历年人代会上引漳入林议案还是屡屡被提起。

1959 年 10 月，当林县县委就新的引漳入林方案在群众中广泛征求意见时，大家个个情绪激昂，人人袒露心声："县委的想法，正是俺们的心愿，宁愿苦战，不愿苦熬"，"国家没钱，我们自带干粮也要修成，这是祖祖辈辈的大事"。在林县人的眼里，水就是命，甚至比命都金贵。身处恶劣的自然环境中的林县人从来不怕吃苦，为了引水，别说是吃苦，就是去死也毫不犹豫，因为这是多少年来一直想办却始终没有办成的大事。引漳入林新方案很快在广大群众中达成了共识，群众的一致拥护更加坚定了县委快马加鞭引漳入林的决心。

为什么一定要修引漳入林工程（红旗渠）？

我想，答案已经明明白白，就刻在老百姓渴望的眼睛里。要彻底改变林县“十年九旱”的面貌，在当时的条件下引漳入林是唯一选择。

不过，引漳入林工程毕竟是跨省施工、山上作业，沿途要削开1000多个山头，凿通两百多个隧洞，渠线长、工程大、困难多，不依靠国家支持，仅凭一县之力举办，在外人眼里绝对是不可能完成的事，甚至是一种“愚昧”或“疯狂”的举动。著名摄影家、记者魏德忠老先生就曾经坦言：红旗渠是在一个不可能的时间、不可能的地方，修建的不可思议的工程。他的话实际上代表了当时人们对修建红旗渠的普遍看法。

引漳入林的前景是美好的，但面临的现实困难也显而易见。从大环境看，1960年正是国际形势严峻、国民经济最为困难的时期，此时引漳入林根本不可能得到来自上级的实质性支持。按照计划经济时代的惯例，如果没有国家的支持，类似引漳入林这样大规模的工程并不具备上马条件。从林县当时的自身条件看，引漳入林绝非像过去搞小水利那么简单，似乎也不具备开工所需物质技术条件。当时林县财政十分薄弱，账上资金不足300万元，而工程总投资预算高达7000万元，实际可支配资金还不及总投资预算的1/20。水利技术人才更是寒碜，真正科班出身的技术员屈指可数。专业设备也少得可怜，全县仅有两台水平仪和一台经纬仪。如此单薄的家底，怎么能够支撑得起如此浩大的工程？

毫无疑问，引漳入林是关系林县人民生存和命运的大事，是无论如何也要办的大事，当然宜早不宜迟。但时值三年困难时期，全国上下财力物力短缺，不少地方缺粮严重甚至出现了饿死人的现象，穷乡僻壤、山大沟深的林县凭什么就敢上马红旗渠？

回答上述问题，最有发言权的还是当年的领头人。杨贵在1960年2月6日的日记中写道：“引漳入林工程很大，现在正是困难时期，国家也不投资，如果等到形势好转后再修建，那时会出现什么情况，很难预料。山西方面同意引水这个机会不可失，错过机会，林县人民可能将永远受缺水之苦。现在修建，困难太多了，最基本的办法是自力更生。如何把自力更生具体化？各公社按渠道可灌面积投工，民工实行包工定额，把工分介绍回队里参加分配；上工地民工自带镢头、铁锨、抬筐，个人没有的生产队负责自备，吃粮食每人暂定一市斤或一市斤半，民工自带口粮，不足部分由集体储备粮补足，蔬菜由生产队统一送到工地；工具修理由各公社负责，根据人数多少，建立几个工具修理点，各队搜集废钢铁送到工地，供修理点使用；县里财政还有 300 多万元资金，负责购买炸药、钢钎、水泥等大件物料，注意节约，反对浪费。组织民工学习毛泽东主席自力更生、艰苦奋斗的有关著作，宣传红军二万五千里长征闹革命、爬雪山过草地、不怕吃苦、战胜困难的革命精神，群众是圣人，只要依靠群众，很多困难都是可以解决的。”杨贵的上述心迹坦露，实际上就是当年林县县委引漳入林最初的指导思想，值得大家认真研究。

这一段话包含的信息量很大，从中可以清晰地看出决策者们当时的认知态度和解决问题的思路：机不可失，依靠群众，自力更生，勤俭建渠。其中，“各公社按渠道可灌面积投工，民工实行包工定额”等思路，可以清晰地看出借鉴了英雄渠自力更生、艰苦建渠的经验。在杨贵等县委领导的心里，既然引漳入林非干不行，面前出现了机遇，那就晚干不如早干，被动干不如主动干，吃点儿苦、受点儿罪根本算不了什么。有了新中国成立后十多年兴修水利的奋斗经验，他们对引漳入林充满信心、很有底气。

从战争中走过来的他们，头脑里从来就没有畏惧这一概念，遇到任何困难，兵来将挡、水来土掩，充分依靠和发动群众想方设法解决就是。这是一种在极端艰难的环境中习得的素质能力。所谓“阅历”，不仅仅是看过、经过，更多的是指身心历练、动心忍性后的深刻体悟。

此时距离林县千里之外的淮河上，有一个名叫“出山店水库”的治淮水利工程正在开工建设。1953 年党和国家决定在淮河干流上游建造一座大型水库，掐住淮河“七寸”，保障中下游的安澜。被寄予厚望的出山店水库 1959 年初开工上马，很快遭遇三年自然灾害而不得不停工。1971 年工程再度开工，又因一场大水而重归沉寂。时间来到了 2011 年，国家重新启动出山店水库建设，工程最终于 2019 年 5 月 23 日完工。从最初开工到最后竣工，命运多舛的出山店水库就这样在岁月更替中悄悄走过了 70 年。

同样是遭遇三年自然灾害，林县县委为什么敢于做出引漳入林（红旗渠）的决策？为什么红旗渠没有遭遇像出山店水库那样黯然下马的命运？

如果单单以所谓科学理性的现代思维来评判，红旗渠能够上马开工的确是有点儿不可思议。不过，如果我们条分缕析那一段历史，深入梳理林县当年的“家底”，就会发现一些端倪。当年林县县委之所以敢于做出引漳入林的决策，除了班子成员认识充分、目标明确、意志坚定、精诚团结外，还有一些并不显眼的“底气”值得注意。

一是有天时之助。1959 年的大旱虽然严重影响了当年的农业生产，但也让干部群众清醒地认识到了一个现实：已有的治山治水成绩虽然卓有成效，却不能从根本上解决林县的缺水难题，目前还不能躺在功劳簿上沾沾自喜，必须继续奋斗寻求解决之策。杨贵后来回忆：应该感谢 1959 年的大旱，不仅考验了林县的水利设施，而且使县委从陶醉中清醒过来，逼着县委在思想上进行了调整和解放，重新考虑如何解决林县干旱缺水的问题。任何事物都有两面性，对全国而言，1960 年是困难时期，但对林县来讲，却是大好机会，这时候从山西修渠引水相对减少了很多纷争。倘若等到年景好时再去修渠，那么大家都有能力修渠，红旗渠想要修建势必困难重重。杨贵的上述考虑既务实又辩证。灾难是祸，但也是福之所依，正好可以凝心聚力，做平时下不了决心、做不了的大事。在中国救灾史上，就不乏以工代赈、兴修水利的案例。这次大旱客观上起到了社会再动员效果，有效打消了那些刀枪入库、马放南山的消极思想，为红旗渠的快速上马营造了浓厚的社会心理基础。

二是有地利之便。浊漳河流经林县境北，当时水资源极为丰富，常年流量为 25 立方米 / 秒，枯水期流量也有 10 立方米 / 秒以上，单从水资源方面考虑，完全可以满足引水所需。但是要把浊漳河水引入林县盆地，引水点和渠道必须高过县境北缘的坟头岭，这样才能实现渠水自流灌溉大部分土地。浊漳河流经林县北部的30公里都是深山峡谷，河床海拔高度远低于坟头岭。正是因为这个原因，天桥渠只能灌溉两岸附近的土地。但是溯流向上100多里的山西省境内，河床海拔高度高过坟头岭几十米，如果远远地从那里修渠引水，就能够让水翻越坟头岭，利用重力作用自流灌溉林县的大部分土地。虽然这样做有些大费周折，但大自然还是以如此曲折委婉的方式，馈赠了林县人民一个可以修渠引水的地利。

三是有人和之利。林县与山西历史上渊源很深。追根溯源，林县人几乎都是明初山西移民的后人，根就扎在洪洞县大槐树下。数百年来，山左山右文化相通、骨肉相连、交往频繁，特别是近代以来兵灾旱灾不断，林县人经常逃荒到山西谋生就食。“青羊里（平顺县的古称）人多隆虑”，指的就是很多平顺县人就是逃荒过去的林县人。山西省著名劳动模范李顺达，原是林县合涧东山底村人，少年时随父母逃荒落脚到平顺县西沟村，后来担任过平顺县委书记、晋东南地委副书记、书记等职务。还有一点尤其重要，抗战时期林县和山西长治地区同属八路军129师创立的太行根据地，太行五地委就设在林县。很多曾经在林县工作和战斗过的领导干部，新中国成立后任职于山西省各级党政部门。如时任中共山西省委第一书记陶鲁笳、书记处书记王谦等，就曾经长期在林县工作，对革命老区的感情无比深厚。凡是有益于老区人民的事，他们肯定会给予大力支持。有了血浓于水的乡情亲情，红旗渠修建就更容易向前推进。

四是有人力可用。明初移民在南太行东麓开荒种地、繁衍生息，几百年来与严酷的大自然进行着不懈抗争，逐渐养成了吃苦耐劳、尚武好勇的秉性脾气。南太行的山民既有燕赵慷慨之风，又得三晋纯朴之韵，稍加动员即能成军。修建红旗渠时林县人口55万，而邻居平顺县人口不过17万。林县历史上地瘠人穷，盛产石匠、泥瓦匠、木匠。北京的颐和园、山西五台山的寺庙等古代建筑都有林县工匠参与修建。民国时期《重修林县志》记载："近则工界颇见发达，北方各省铁路、汽车路、矿业及其他建筑到处皆有林工。而木、石、泥水匠居多，且有以精巧著者。"林县人素有"流血不流泪，逃荒不要饭"的传统，除了山里人硬气、好面子外，靠的就是"一把瓦刀两只手"的手艺。山硬水硬人硬，人力资源丰富，成熟工匠众多，正是兴修大型水利工程的核心资源。红旗渠历时十年建成，前后有 30 万人上山修渠，绝大多数都是青壮劳力。对于人力资源一般的县而言，要想完成如此浩大的工程是不可想象的。

五是有粮钱可资。1958 年"大跃进"时期，林县县委坚持实事求是，冒着政治风险，顶住了"浮夸风""共产风""瞎指挥风"等的压力，没有跟风虚报产量而多交征购粮，没有机械地执行上级要求的深挖改土等不符合实际的指令而耽误农耕，没有盲目"大炼钢铁"大干快上过多损害民力物力，全县农业生产基本上没有受到破坏，避免了像其他县那样的伤筋动骨。再加上林县人自古以来就有勤俭持家的传统，讲究"平时集小钱、关键时办大事"，1959 年县、公社、生产队三级实打实储备了 3000 万斤粮食。县财政也积累了将近 300 万元的资金，在充分利用公社资源的基础上，能够发挥关键性补充作用，用来购买水泥、钢钎、炸药、雷管等本地无法自己生产的东西。正所谓"手中有粮、心中不慌"，在特殊时期里手捏把攥着一定粮食和资金，正是县委敢于拍板上马红旗渠最大的底气。后来，国家为了补偿"大跃进"时期"一平二调"给地方和农民造成的损失，退赔了林县一笔 400 万元的巨款，除了补偿农民外，剩余的 300 万元全部补贴了修渠。

六是有精神可倚。太行精神诞生于抗战烽火，是国家和民族处于危亡的关键时刻，中国共产党人领导太行儿女展现的勇敢顽强、不畏艰难的革命英雄主义精神，是在极端艰苦条件下展现的百折不挠、艰苦奋斗的精神，是为人民利益展现的勇于牺牲、乐于奉献的精神。林县被称为"太行山前的红色堡垒"，是八路军对敌斗争的前沿。著名的豫北地下交通线曾经护送刘少奇、邓小平、陈毅等党政军干部 5000 多人过境。

1943 年八路军发动林（县）南战役，揭开了华北敌后战场局部反攻的序幕。在抗日战争和解放战争时期，林县 27460 人参军入伍，牺牲的烈士有 3659 人，支前参战人数多达 291626 人次。不少林县籍战士后来还参加了抗美援朝战争，其中 143 人壮烈牺牲。在上甘岭战役中，15 军 45 师 135 团孙占元排长和 134 团栗振林排长作战英勇、指挥顽强、杀敌无数，身负重伤仍忍痛坚持战斗，最后不约而同地慨然拉响手榴弹与敌人同归于尽，牺牲时间前后只隔一天。后来志愿军总部为孙占元、栗振林两位烈士分别记特等功，授予“一级战斗英雄”和“二级战斗英雄”称号。朝鲜最高人民会议常任委员会授予孙占元“朝鲜民主主义人民共和国英雄”称号及金质奖章和一级国旗勋章。在同一个战场上，一县之隅涌现出了两位战斗英雄，两位林县人的斗志和表现惊人相似，其身上蕴含的“太行精神”着实令人感佩。经受了抗日战争和解放战争的洗礼，林县人民身上孕育出不畏艰难、勇敢顽强、不怕牺牲、敢于牺牲的精神特质，而这正是日后红旗渠建设中最为宝贵的精神动力。

七是有治山治水基础。新中国成立后，林县开始大规模治山治水，先后建成了英雄渠、南谷洞水库等一批中小型水利设施，在实践上、技术上、心理上为后来的红旗渠建设奠定了坚实基础。英雄渠从山西省壶关县苏家坪筑坝引水，沿途开山筑渠、凿洞过水，全长 203.8 公里。其间确立的“自力更生为主，国家扶持为辅”和“谁受益谁负担”的建渠方针和工作原则，以及逐步探索积累起来的管理经验和技术创新，后来全部成功应用到了建设红旗渠上。南谷洞水库是“劈山造海”的代表，在工程管理和爆破施工方面锻炼了队伍、培养了人才。英雄渠、南谷洞水库等的成功建设，培养了一批领导骨干和技术骨干，积累了宝贵的管理经验和工程技术，客观上为红旗渠提前打了一个工程小样。

八是有组织化的优势。人民公社具有集中力量办大事的组织动员优势，有效解决了以前一家一户、互助组、初级社所不能解决的兴修大型水利工程的问题。人民公社化前，全县每年只能抽出一二万个劳力搞水利，公社化后实现了资源集聚，具备了大协作生产能力，常年可以抽出三四万个劳力兴修水利，突击时甚至可以投入10多万个劳力。有了人民公社强大的组织动员优势，大兴水利和搞好农业生产之间实现了协调发展、良性循环。1958年全县举办的中小型水利工程总投资470.2万元，其中92%是公社自己解决的。人民公社时期修建的水利设施，奠定了林县农业生产的基本格局。

上述八个因素虽然貌似各不相关，实则紧密相连、缺一不可。对于一个大型工程而言，任何一种资源的缺失或者管理不善、运用不当，都可能会限制其他资源优势的发挥。同样，任何一个短板在实践中也都有可能被无限放大，导致工程陷入困境甚至下马。可以说这些因素都是必不可少的重要资源。但将上述因素有机整合起来，汇聚成一股力量同向发力，最关键的还要靠党组织强大的领导力。红旗渠能够上马并成功建成，县委的坚强领导才是深藏不露的决定性因素。

坦率地讲，林县人民是幸运的，在发展的关键期遇上了一位有智慧、有勇气、敢担当的县委书记，遇上了一个紧密团结出战斗力的好班子。有了坚强的领导集体，有条件要上，没有条件创造条件也会干出好成绩。正是以杨贵为首的县委班子不畏难、敢担当、有智慧，才能够调动一切可以利用的资源、创造一切对自己有利的条件，最后在一个不可能的时间、不可能的地方，创造出了一个不可思议的人间奇迹。如果没有杨贵等县委班子高度的责任感和使命感，红旗渠很难有机会上马开工。没有他们主动地、创造性地开展工作，群众再有热情、干劲再大，“劈开太行山、漳河穿山来”的壮举恐怕也很难实现。

群众的眼睛是雪亮的，群众的语言也是朴素的。“毛主席派来了一位好书记”就是当年林县人民经常挂在嘴边的一句。这些朴实的县委领导干部是优秀的共产党员、人民的好公仆，虽然“全心全意为人民服务”是他们的本分，但“吃水不忘挖井人”也是老百姓的本心。不论时间如何推移，这些一心为民、带头创业的好干部都不能被淡忘，都应该被尊重、被仰视、被记起。

做大事需要有拼搏的勇气，更要有敢于担当的胆气。一位领导曾当面向杨贵提出一系列技术性问题：渠线测量得准不准？水能不能流进林县？渠道淤积怎么办？渠墙承受不了水压坍塌了怎么办？这些一针见血的提问，瞬间让杨贵感受到了空前的压力。他随后郑重地向县水利局长转述了领导的担心，要求立即组织力量再测量一次，确保万无一失。"如果咱测量得不准，哪一个环节出了问题，待渠修成了却引不过来水，到那时咱俩只有从太行山巅跳下去，向全县百姓谢罪了。"

几十年后杨贵接受记者采访时又回忆起当时的情景，年逾古稀的他抑制不住内心的激动，语带哽咽、眼含热泪地说："那时思想上是如临深渊、如履薄冰，胆战心惊的，光怕出问题。"是呀，对于主政一方的官员而言，渠成水到，自然会有鲜花掌声，但是渠成水不到，功败垂成，那就唯有一死以谢人民。如果杨贵他们想当太平官，不敢担当，遇到困难时稍有畏惧，哪怕是退缩一步，机遇就可能稍纵即逝。如果真是那样的话，林县的缺水问题恐怕今日还是问题。

决定上马引漳入林工程无疑是一项充满风险的重大决策。伴随着红旗渠建设始终，杨贵等人不仅面临工程技术上的风险，而且头顶着巨大的政治风险，还时刻经受着流言蜚语甚至是冷箭匕首的攻击。开工不久，就有人暗地里批评杨贵劳民伤财，不顾人民死活，完全是为了捞取个人的政治资本。一位上级领导也一再强调："你们林县应该知道，目前国家正处在困难时期，地区没钱支持你们，一切由你们林县做主。林县有钱就动工，没钱就不要动工。"在红旗渠建设过程中，类似的声音和干扰从来没有停息，各种匿名信、黑材料和诋毁言辞也满天飞，给杨贵等县委领导带来了极大压力。有人对杨贵说，这个渠到时如果通不了水，你可就成了千古罪人。

多年后他如是回忆："我们可以坐着等老天爷的恩赐，这样我们的乌纱帽肯定保住了，却战胜不了灾害，遭殃的是人民群众。"在困难和压力面前，他首先想到的不是自己的得失，而是人民的利益。始终把人民利益放在第一位，是他干事创业的根本动力。事实上，只要领导一心为人民，不计较个人的得失荣辱，就一定能够赢得万众一条心，齐心协力成大事。

面对有形的困难和无形的干扰，团结善战的林县县委最后顶住了方方面面的压力，坚定地迈开了大步，勇敢地向着既定目标出发。

1960 年 2 月 6 日，正在郑州参加四级干部会议的杨贵得知山西省委同意引漳入林的消息后喜出望外，立即电话通知在县里主持工作的县委书记处书记李运保，要求立即组织做好动工准备。

一石激起千层浪，整个县委立刻像战时支前一样高效运转起来。李运保一边安排人手起草引漳入林动员令，一边通知县委委员、县直各局委负责人、各公社党委副书记，于 2 月 7 日赶到任村公社盘阳村参加引漳入林筹备会议。所有参会人员一接到通知，立即带上行李，骑着自行车，迅速赶赴浊漳河畔的盘阳村。

2 月 7 日，在任村公社盘阳村北的土丘上，引漳入林筹备会议背靠凤凰山、面对浊漳河正式召开。会议由李运保主持，研究通过了引漳入林组织机构和施工方案。筹建委员会主任由杨贵兼任，副主任由李运保、李贵、周绍先兼任，委员若干人。总指挥部政委杨贵、李运保，总指挥周绍先，副指挥王才书、郭凤辰、尹丁山。

第二天，全体与会人员一行 30 余人沿着浊漳河右岸攀崖过沟、翻山越涧，徒步查勘总干渠渠线，落实各公社负责施工的渠段，为正式开工做准备。其间还发生了一个小插曲。送干粮的人赶着毛驴驮着干粮过浊漳河，不慎连人带驴跌进了河里，所有干粮被河水冲走。荒山野岭无处解决吃饭问题，大家只好饿着肚子继续前进，两天时间走完了 40 公里山路，于 10 日到达山西省平顺县石城公社侯壁断的引水点，圆满完成了各个任务工段的查勘任务。

这时候个个累得腿脚肿胀，不少人脚上磨起了血泡，但李运保顾不上身体劳累，一路上先骑马、后乘车，马不停蹄赶回林县县城，连夜准备召开引漳入林广播动员誓师大会。

激动人心的时刻终于到了。1960 年 2 月 10 日（农历正月十四）晚，中共林县县委、林县引漳入林总指挥部召开全县引漳入林广播誓师大会，李运保代表县委和引漳入林总指挥部向全县人民宣读了引漳入林动员令。他的声音穿透茫茫夜空，无比清晰地进入了千家万户。那一夜，寂静的山岭不再寂静，所有的村庄灯火通明，男女老少都在紧张忙碌，精心准备明天的出征。这是载入林县史册的重要一夜，因为等太阳升起后，重整林县河山又将掀起崭新的一页。

动员令正式吹响了引漳入林的战斗号角。它精心描绘了一个北国江南的宏伟蓝图，认真分析了兴建工程的有利条件，详细介绍了组织机构和工作部署，并对前方后方、渠上渠下的协作配合提出了明确要求，可以说既是动员令也是部署令。动员令语言生动、特点鲜明，简明扼要、全面具体，极具鼓动性和指导性，是一篇深入了解红旗渠历史的重要文献。认真研究动员令，既有助于掌握林县县委关于引漳入林的整体思路、建设目标、工作部署和具体要求，也有助于了解当年的社会运作机制，以及那个火红年代的风貌精神。

动员令以激动人心的口吻正式宣告"伟大的划时代的引漳入林工程，定于 1960 年 2 月 11 日正式开工"，并精心描述了一个美好前景：引漳入林像一条运河滔滔地流入林县全境，清水遍地流，渠道网山头，旱地变水田，荒山变果园，沟沟有鱼塘，山坡种稻田，一年两三季，产量翻上番，来往行走可乘船，龙王大权握在手，渠水不仅可浇地，还能用它来发电。这真是一幅激动人心的美好图景。

动员令指出引漳入林是一桩非常艰巨的水利工程，是林县水利建设史上的最大工程，目前已具备了充足的举办条件。首先，党中央、毛主席正确的领导，省委、地委的积极支持和鼓舞，县委多年来已做的工作，山西省委和平顺县各级党委无私的援助，坚定了林县党组织和全体人民的胜利信心，奠定了勇往直前的领导基础。其次，引漳入林是全县人民群众的迫切要求，群众已做好一切准备，只要一声号令，成千上万的英雄健将就会潮涌般奔上工地。其三，经过 1958 年和 1959 年大搞群众运动、大办水利，干部群众积累了丰富的水利建设经验，培养了大批技术人才，树立了敢想敢干的风格，养成了不畏艰险的高昂士气。其四，经过社会主义建设总路线的再教育，干部和群众觉悟空前提高，更加树立了我为人人、人人为我的大协作风格。其五，总路线、人民公社提供了政治上的保证，经济上有了雄厚基础，只要依靠群众，依靠人民公社集体经济，再加上虚心学习外地先进经验，浊漳河水一定会服服帖帖听用。

动员令进一步明确了工程的时间进度、组织机构、各公社住地，还就前后方配合、工地管理、开展高工效运动、与住地群众搞好关系、后勤供应等方面提出了细致要求，强调要做到前方有求、后方必应，前后方互相勉励共同前进，早日实现自流灌溉化、农业机械化、生产电气化。

引漳入林动员令问世已然 60 年，但当我第一次看到它的全文时，仍然被其气势如虹的魅力所“动员”。我分明感受到了李运保胸腔里迸发出来的豪情，仿佛看到老乡们正盯着墙上的喇叭翘首倾听，听到了他们怦怦的心跳声，眼前似乎浮现出清水遍地流、渠道网山头、水田稻花浪、果园鲜果红，耳旁还有发电站的“隆隆”声和鱼儿跃出水面的“嗖嗖”声……这一刻，我读懂了他们当年的选择，读懂了他们那时的内心。历史就是人民创造的，而他们，正是春潮涌动下创造历史的弄潮儿。

2 月 11 日黎明，从全县 15 个公社的数百个村庄里不约而同地涌出了一队队精壮人马，旌旗向北朝着浊漳河畔进发。所有人自带干粮，背着行李，赶着马车，拉着平车，推着小推车，载着粮食、炊具和劳动工具，冒着刺骨的春寒，踏着冻得硬邦邦的道路，雄赳赳、气昂昂，带着灿烂的笑容向着幸福出发。沿途的墙壁上、崖壁上赫然书写着“愚公移山，改造中国”“重新安排林县河山”等巨幅标语，时刻提醒着人们肩负

林县人冒着刺骨的春寒，踏着冻得硬邦邦的道路，雄赳赳、气昂昂，带着灿烂的笑容向着幸福出发。（拍摄 / 魏德忠）

的使命。所有人都明白，即将面对的一切并非敲锣打鼓那般简单，而是要真正改变旧山河、创造新生活，为此甘愿流血流汗、燃烧青春，甚至献出生命。

太行山上、浊漳河边，星散的村舍曾经是八路军 129 师战士们最好的庇护所，如今修建红旗渠，平顺县的老乡们又竭尽所能，短短几天就为修渠大军腾出来 200 多间房屋。按计划第一批安排 2.2 万人上山修渠，但群众积极性太高，第一天就涌上工地 3.7 万人。修渠大军像洪流一样覆盖了寂寥无声的荒山野岭，好不容易腾出来的房间立时满满当当，就连河边也是摩肩接踵，后来的人想找个歇脚的地方都很困难。

兵马未动，粮草先行。修渠大军每天所需的粮食、蔬菜等物资高达 15 万公斤，全部靠马车、手推车从林县向工地上运送。浊漳河沿岸是豫晋冀三省交界处，千百年来山路崎岖难行，弯弯曲曲的羊肠小道根本无法满足车辆通行的需求。开工必须先修路，在总指挥部的统一指挥下，几万人齐动手，逢山开路、遇水架桥，三天三夜就突击修成一条 70 多公里的简易公路，沿着浊漳河一直通到了山西境内的渠首引水点，河上还临时架起了三座大桥。如今豫晋之间已是大道通衢的林平公路，就是在当年这条简易公路基础上扩建而成。轰隆隆的开山炮响，唤醒了这片沉睡千年的山岭，也留下了一条通向美好生活的康庄大道。这是红旗渠带给当地群众的第一个见面礼。

3 万多人安营扎寨、埋锅造饭需要统一调度安排，刚刚成立的总指挥部人力物力捉襟见肘，这么大的场面一时有点儿应付不过来。热情高涨的人们于是自己动手、丰衣足食。平地上撑起一个帐篷就是指挥部，三块石头支起来就是简易灶台。房子、帐篷先让女同志住，剩下的人就住悬崖、石庵，挖窑洞、搭窝棚，有的甚至住进老乡家的猪圈、羊圈，早晚还得爬着进出。实在找不到遮雨挡风的地方，就到山上割些杂草，铺在石头上露天睡觉。

早春的太行山寒风刺骨，却也抵不过人们高涨的热情。有人以苦为乐、写诗自娱："蓝天白云做棉被，大地荒草做绒毡。夜莺唱歌人心喜，星星点亮灯万盏。高山为咱站岗哨，漳河流水催我眠。梦中牵来一条河，一脚踢倒太行山。"更多的人一边吃着自带的干粮，一边互相鼓励打气："苦不苦，想想红军两万五"，"如今受苦，日后享福"，"大干三月，五一通水"。

得知红旗渠工地上修渠群众没有能够搭席棚、打地铺的席子，县委书记杨贵立刻带头把自己床上的苇席取下来送上工地。全县2000多名机关干部和企事业单位干部职工也纷纷响应，把自家的苇席捐献出来支援工地。5000多张席子很快被送上了工地，有效缓解了最初的住宿紧张问题。工地上群众天天与石头打交道，半个月就要磨破一双鞋子。县长李贵专门组织了一次向工地捐献鞋子的动员大会，当场脱下自己脚上的新布鞋捐了出去。会后他光着脚没法回家，工作人员好不容易从犄角旮旯里找来了一双旧鞋给他穿上。鞋子并不合脚，李贵就趿拉着走回了家。县委书记处书记秦太生到工地慰问和参加劳动，看到工地上群众住得简陋，铺盖也太薄，临走时就把自己的铺盖卷儿留了下来。

开工前夕的春节期间，林县县委班子曾经聚在一起有过一次非正式"庙算"，讨论总干渠需要多长时间能够完工。大家都信心满满。有的人比较乐观，说7万米渠线，几万人上去，大干三个月就可以建成。有的人则相对谨慎，认为三个月可能有点儿悬，但五个月肯定没问题。杨贵听了之后大手一挥，豪爽地说："别说三个月，如果五个月能把水引来，我请大家喝酒、吃花生。"当场有人应声："杨书记，你这客请定了。"当时谁都没有意识到自己乐观得太早，最终总干渠竣工通水既不是三个月，也不是五个月，而是整整五年零两个月。大渠修了这么久，杨书记的酒和花生自然谁也没有吃成。

20世纪60年代的林县还非常贫穷，花生就酒属于"高级待遇"，县委书记的隆重"犒赏"也不过如此。即使到了80年代初，当地老百姓办喜事请客，桌上就酒的还不是花生，而是盐水煮黄豆，俗称“咸豆子”。那时候大人们往小孩手里塞一把“咸豆子”，就打发出门去玩耍，这一幕至今让我记忆犹新。

如今外地人来到河南，往往十分不解河南的酒文化：主人不怎么喝酒，却变着花样可着劲儿劝客人喝。有人因此抱怨河南人太“狡猾”，自己不喝尽让外地人喝，其实这中间多有误解。在过去，中原大地多灾多难、物质匮乏，酒是奢侈品，菜是稀罕物，中原的待客之道就是让客人吃好喝好，这样才能显示出主人的诚意。如今林县人民生活水平早已今非昔比，大鱼大肉司空见惯，但日子再怎么富裕好过，也绝不能忘记当年“花生就酒”的历史。

“五一通水，坐船回家”，是当时红旗渠工地上最响亮的口号。人们的冲天热情是可贵的，但是山上修渠完全不同于平地施工，实际工程量绝非纸面上算计的那样简单。另外红旗渠这样大型工程也远非以前的中小型工程可以相比，对统筹协调和系统管理的要求都很高。由于县委对可能遇到的困难估计不足，相关准备工作也远远不够，引漳入林开工不久，各种问题就不断涌现，让人手忙脚乱、疲于应付。

长达 70 公里的渠线上，3.7 万人全线同时开工，整个战线拉得太长，力量相对分散形不成战斗力，工程进展异常缓慢。现场技术人员严重不足，施工人员看不懂图纸就乱打眼、胡放炮，有的挖错了渠线，有的炸坏了渠底，有的堵塞了道路阻碍交通运输，严重影响施工进展和效果。山上的开山大炮天天放，沿线村庄的门窗被震得裂开，吓得牛、羊等牲畜满山乱跑，严重影响当地群众的生产生活，各种抱怨和纠纷渐起。山西境内山路狭窄崎岖，虽然新建了道路，但经常因为施工协调不力导致交通受阻，粮食、蔬菜、煤炭等物资经常供应不足。工地上的领导力量也十分薄弱，干部们忙前忙后、顾此失彼，前方人手不够、工具缺乏，后方干着急，有劲也使不上。更要紧的是工程质量和人员安全缺乏保障，工地上已经接连出现多起质量问题和血淋淋的安全事故，群众的热情也不同程度受到打击。此时工地上流言蜚语也渐渐多了起来，说什么引漳入林是秦始皇修长城、隋炀帝开运河等等，修渠群众的情绪也有所波动。总指挥周绍先看在眼里急在心里，每天忙得昏天黑地，眼里全是血丝，混乱的局面却没有根本好转。

引漳入林工程开工 20 天后，杨贵从郑州返回林县直奔工地。他不顾身体疲劳，和周绍先、技术员吴祖太等人从坟头岭沿着渠线徒步走到盘阳村，又沿着浊漳河走到渠首引水点侯壁断，整整花了三天时间。沿途他们仔细考察各工地的施工情况，听取各分指挥部负责人的汇报，很快就发现了问题的严重性。

1960 年 3 月 6 日至 7 日，中共林县引漳入林委员会全体会议在任村公社盘阳村召开。会上杨贵作了《要多快好省地完成引漳入林任务》的报告，在充分肯定大家的修渠积极性的同时，也深刻指出了当前修渠中存在的问题。他认为要迅速完成建渠任务，必须做好以下七方面工作：一是自力更生、勤俭建渠；二是迅速做好定线工作；三是提高劳动效率；四是搞好工地和当地群众的安全工作；五是全党动员，做好物资供应；六是加强建渠领导，健全责任制；七是做好工地民工和当地群众的思想政治工作。为了坚定大家的修渠信心，他建议“高举红旗前进”，把引漳入林工程命名为“红旗渠”。“红旗渠”象征着革命和胜利，既表明了林县县委高举毛泽东思想伟大旗帜继续前进的坚强决心，也表明了林县人民不畏艰险、征服自然的壮志雄心。

正确的战略是克敌制胜的关键，但必须靠正确的战术来贯彻执行。“盘阳会议”认真总结了工程开工后的被动情况，将眼前面临的问题集中归纳为“四个跟不上”，即领导指挥跟不上、技术指导跟不上、物资供应跟不上、后方支援跟不上。会议果断地调整了原有工作部署，决定改变全线出击的做法，进一步收拢五指、攥紧拳头，实现领导、劳力、物资、技术四集中，集中力量打歼灭战，同时确立“分段施工，以水促渠”的策略思路，改全线铺开为四期分段施工。第一期首先是集中力量修建山西省境内的渠首至河口段，最大限度地缩短影响山西当地生产生活的时间，尽快地把水引到两省交界处。第二期修建河口村至木家庄段。第三期修建木家庄至南谷洞水库段，引漳河水入南谷洞水库蓄水。第四期修建南谷洞水库至分水岭段。

为了严把工程质量，会议还专门提出了“严格工程质量，达到千年不倒，万年不漏，永久无损”的质量要求，明确每期工程竣工验收后，负责承建的公社大队要在渠岸上和建筑物旁边立一个小石碑。小小的石碑既是记载修渠功绩，也是划定质量责任，30 年内哪个责任段内出了问题，就由承建单位负责重修。

3 月 10 日，总指挥部召开引漳入林全线民工代表会议，深入贯彻落实“盘阳会议”精神，研究下一步工作部署。全体代表一致通过了将引漳入林工程命名为“红旗渠”，先完成渠首至河口段施工和迅速完成渠线、备料、物资供应等 13 个决议，确定了具体的工作目标任务，思想上行动上实现了高度统一。

13 日，总指挥部由盘阳村移师山西省平顺县石城公社王家庄大队的浊漳河边，15 个公社分指挥部也率领各自队伍移师山西省境内，按照渠段任务分工开始紧张施工。

“盘阳会议”是红旗渠建设中的关键节点，具有重要的战略意义。后来的事实充分证明，这次调整对红旗渠的成功建设具有决定性意义。一是否定了原来三个月建成总干渠的乐观估计，理性地把总干渠工程分成四期进行长期建设、分段施工。首先集中力量完成山西境内工段，最后在六个月的时间内就把水引到了林县地界，有效坚定了群众的引水信心。二是坚持“以渠促水、以水促渠”的策略思路，成渠一段，引水一段，见效一段，让群众眼见到成效，心里干劲更足，修渠更有信心。三是把“引漳入林”工程正式命名为“红旗渠”，充分体现了人民群众高举红旗修渠引水的信心，同时也彰显了林县县委的使命担当，有效减少了那些流言蜚语的干扰。

如果大家对“盘阳会议”之于红旗渠的重要意义仍然缺乏感性认识，有一个案例可以间接地证明它的价值。当年全国范围内与红旗渠类似的水利工程不少，其中规模相当、条件相似的就是甘肃“陇中引洮河”大渠。这条大渠与红旗渠同一年开工，由于“全面开花”，战线拉得太长，摊子铺得太大，结果人力财力物力无法保证，不久被迫全线下马。1982 年，时任国务院“三西”贫困地区建设领导小组办公室副主任的杨贵来到甘肃省定西检查工作，见到了已停工多年的“陇中引洮河”大渠。几百里渠线残破不堪，引得民怨沸腾，当地干部也灰头土脸。杨贵在深入考察后，建议当地学习红旗渠“分段施工、以水促渠”的方法，修成一段、通水一段、见效一段。后来依此办法，停工 10 多年的大渠几年内就修建完成。

试想，倘若没有当年“盘阳会议”及时调整工作部署，即使林县群众再有热情，干部再加倍努力，红旗渠估计也难逃与“陇中引洮河”大渠一样的命运。杨贵由“陇中引洮河”大渠联想到红旗渠，不无感慨地说：“盘阳会议的战略调整，真是决定红旗渠命运的关键呀！如果当时不下决心分段施工，红旗渠能否建成？后果不堪设想啊！”世上有心想办好事容易，但能够把好事办成办好却并不容易。“盘阳会议”就是红旗渠建设过程中的关键一招，为日后成功建成奠定了坚实基础。

机遇总是留给有准备的人，身处太行山深处热火朝天建设中的红旗渠就遇到了一个记录自己的难得机遇。红旗渠正式开工后不久，中央新闻纪录制片厂摄制组就来到红旗渠工地，详细记录红旗渠的建设过程。原本他们是拍摄刚刚建成的英雄渠，当发现林县正在建设一条更大更长的渠后，就改变计划跟踪拍摄红旗渠的建设过程，整个拍摄时间持续 10 年之久。这些珍贵的影像资料真实地记录下了当年林县人民战天斗地的场景，让我们几十年后还能够身临其境地看到当年红旗渠建设过程。红旗渠无疑是幸运的，因为它借此获得了留声留影的机会，为日后走出大山、走向世界提供了难得的契机。

劈开太行山，漳河穿山来，在火热的20世纪60年代里，这一刻终将到来。

高高的太行山上，叮叮当当的打钎声、雄壮有力的号子声、震天响的开山炮响，还有不时的山谷回音，混响共振在一起，勾勒出一派与天斗、与地斗、与山斗的别样风景。（拍摄 / 魏德忠）

第四章 鏖战太行

抬老夯众人要心齐哟！
三心二意可不中哟！
哥弟们拧成一股绳哟！
万众一心渠就成哟！
——当地劳动号子《抬夯歌》

盘阳会议迅速统一了修渠大军的思想，及时调整了红旗渠建设的思路，明确了前进的目标任务，一场人与山之间的鏖战在山西境内的太行山山腰上上演。

总指挥部下设办公室、宣教股、工程技术指导股、劳调福利股、物资供应股、粮食供应股、工交邮电股、治安保卫股。公社层面成立分指挥部（营），以大队编为连，设连长、技术员和司务长、保管员各一人，以生产队成立作业组，同时在各营连中成立党团组织，坚持连长、技术员、司务长、保管员“四固定”不调换，以保证管理顺畅、如臂使指、战斗力稳定。总指挥部制定了《关于红旗渠总干渠上段垒砌施工须知》作为建渠的质量规范要求，由工程股负责全部技术指导，按照渠道设计指标要求和质量标准进行验收。每期工程开工前，总指挥部和工地党组织下达统一的施工细则，爆破有规范，垒砌有要求，和泥有标准，渠道、渡槽、隧洞所用石头尺寸都有统一的标准规定。各营设数名专职施工干部和施工员，各连配 1 名技术员，负责技术指导和工程质量，同时坚持领导、技术人员和群众“三结合”严把工程质量。各分指挥部按照总指挥部统一分配的渠段任务，每天带领群众在陡峭的山崖上抡锤打钎、开山放炮、取石筑渠。陡峭的太行山腰上茫茫一线，营与营、连与连、人与人之间争着抢着“比、学、赶、超”，火热的劳动竞赛场面让人热血沸腾。

高高的太行山上，叮叮当当的打钎声、雄壮有力的号子声、震天响的开山炮响，还有不时的山谷回音，混响共振在一起，烘托出热火朝天、大干快上的劳动氛围，勾勒出一派与天斗、与地斗、与山斗的别样风景。总指挥部每天派人到各个工地巡查，发现哪个公社的工程进度快、施工质量高，哪个工地的施工方法好、效率高，就地召开现场会，及时予以表彰和推广，推动工地上掀起了一个又一个劳动竞赛高潮。各个工地每天早上统一分配任务、定工定额，晚上总结当天工作情况，大家民主评优评先。第二天大家努力争先、不甘人后，“比、学、赶、超”蔚然成风。

毛泽东指出：“只要我们依靠人民，坚决地相信人民群众的创造力是无穷无尽的，因而信任人民，和人民打成一片，那就任何困难也能克服，任何敌人也不能压倒我们，而只会被我们所压倒。”[①]合涧公社曾经参加过英雄渠建设，积累了不少行之有效的“土”办法。他们就地取材、土法上马，用木头等简易材料制造出了运土机、快速刮土机、快速轻便滑车、空中运土机、自动倒土机等一系列“土”工具，大大提高了施工效率。大家还主动加压加码，坚持“上工不空走，下工也不闲”，每人上工时顺路背一袋沙子到工地，宁愿人受累，不让人空跑。这些先进事迹经过总指挥部大力宣传后，极大地激发了大家的创新斗志。

总指挥部趁热打铁，响亮地提出了“人人献计动脑筋，巧战太行搞革新，苦干实干加巧干，力争渠道早修成”的口号，号召各工地迅速掀起群众性的技术革新活动。各工地趁势而上纷纷成立领导、技术员、群众“三结合”的技术革新组，上上下下一起开动脑筋研究问题。合涧分指挥部很快创造出天河运水线，从河面搭架到施工的桥墩上，直接跨越 200 米的崖壁和斜坡，每天可以节省劳力 120 余人。修建林英渡槽时需要大量石灰，他们大胆改进修建英雄渠时发明的“明窑烧石灰法”，将原来一窑烧石灰 5 万公斤一举提高到了 30 万公斤，有效满

① 《毛泽东选集》第 3 卷，人民出版社 1991 版，第 1096 页。

浩浩荡荡的运石队伍，齐心协力把山河重新安排。（提供 / 周锐常）

足了工地上对石灰的需求。河顺公社分指挥部经过反复试验，在仙女峰山腰架起空中运输线，把水、石灰等物料从浊漳河北岸直送上山腰。为了解决用人力拉空中运输线劳动强度大的问题，他们借鉴水磨工作原理利用浊漳河水为空中运输线提供动力，实现了运输物料机械化。姚村公社分指挥部负责开凿王家庄隧洞，每天出土石方量很大，干部群众开动脑筋巧施工，设计铺设了 8 条总长 3100 米的转盘罐车轨道，把原来的肩挑人抬变成了利用木制罐车快速运土方，大大提高了施工效率。

红旗渠工地特别注重充分调动修渠干部群众的积极性。从 1960 年 10 月起，红旗渠总指挥部按照“谁受益谁负担”的原则合理分配出工和劳力，采用劳动定额制与承包制，按红旗渠受益面积确定各公社分指挥部的施工任务包工，提出明确的工程规格、质量标准和工期要求，同时以工补粮（10 两）补款（0.20 元）补煤（1 斤）。各公社分指挥部根据自身实际合理安排劳力和工具设备，按照“四算四好一包到底”的要求，抓好打算、抓好运输、抓好包工定额、抓好生活，给各队包工，以方定工。各队选出代表民主评定好包工任务，搞好定工定额，最后落实到个人，坚持多劳多奖，多劳多吃，极大地调动了群众上工的积极性。这样既充分调动了各级干部的主观能动性，修渠群众也能够得到粮食补贴和工分、生活费，各方面利益得到了有效保障，施工效率有了明显提高，保证了施工任务保质保量如期完成。

红旗渠工地上干得是热火朝天，山腰上的渠线也一天天向林县延伸，在这一喜人的进展背后，离不开一位名叫吴祖太的年轻水利技术员的精心勘测设计。

吴祖太，1933 年出生于河南省原阳县葛埠口乡白庙村。新中国成立后，他考入河南省黄河水利专科学校，1953 年毕业分配到安阳专署水利局工作。1958 年安阳归属新乡专区管辖，他转入新乡专署水利局工作。在安阳专署水利局工作时，他曾经到过林县做过水利调研，其间还徒步

为保障王家庄村的安全，在王家庄村西的渠道设计了泄洪闸，如遇紧急情况，此泄洪闸可将渠水排入漳河。（拍摄 / 魏德忠）

实地考察了浊漳河上游水源情况。我们无从知道他当时是否已经在心里初步规划了引漳入林线路，但可以合理想象的是，正是这次调研考察，让他毅然放弃了城市生活，主动要求到条件最艰苦也最需要水利人才的林县工作。

吴祖太初来乍到就大放异彩。英雄渠建设中有一个设计问题难倒了众人，如果得不到有效解决，灌溉效果将大打折扣。这是一个谁都无法承受的后果。作为当时林县屈指可数的科班出身的水利技术员，他的到来如及时雨一般让当时一筹莫展的人们看到了希望。初生牛犊不怕虎，他毫不犹豫地接下了这个任务，顶着压力日夜钻研，终于成功地解决了这一技术难题。经此一役，“吴技术员”的大名不胫而走、远近闻名。

很快吴祖太又参与设计了另一个中型水利工程——南谷洞水库。对于一名水利工作者而言，能够遇到英雄渠和南谷洞水库这样的中型水利工程机会难得。年轻的吴祖太紧紧抓住机会大展才华、锤炼本领。南谷洞水库的拦河大坝是国内少见的堆砌坝，整个坝体 83 米高，全部由石头堆砌而成，设计和施工难度很大，就连中央和省里的专家都不愿意承接设计任务。吴祖太勇敢地接受了县委交给的任务，最后与同事们一起创造性地完成了这一设计。几十年过去了，拦河大坝安然无恙，南谷洞水库也成为太行大峡谷中风景旖旎的“太行平湖”。

在南谷洞水库建设过程中，年轻的吴祖太全身心投入工作，努力锤炼本领，一步也不离开工地，甚至三次推迟了婚期。实在是等不及了的未婚妻专程从外地跑来林县，辗转找上了工地。后来两人简单地办了婚礼，但吴祖太心系工作，新婚三天后就告别妻子返回了工地。

引漳入林启动在即，吴祖太又被委以重任参与渠线勘测，为工程开工建设绘就施工蓝图。在此之前，他已经有过两次引漳入林的勘测经历。1954 年秋，当时仍在安阳专署水利科工作的吴祖太和同事白雪村、张文汉就来到浊漳河实地勘察引漳入林线路。同年 10 月，他又协助国家水利部专家到山西省浊漳河初测引漳入林渠线高程，并绘制了《引漳入林工程布置图》。随后，他又与水利部专家到北京整理相关资料，可以说对引漳入林相当熟悉。这一次轻车熟路的他又和勘测队员们在几个月时间里徒步考察浊漳河沿岸，认真勘测每一寸渠线。他手把手地教队员们使用专业测量仪器，帮助大家迅速掌握测量技术，勘测队很快成为一支技术过硬、作风顽强的战斗团体。队员们在人迹罕至的大山上越岭翻山、爬坡过坎，经常需要用绳子吊住身体在悬崖边上测量数据，克服了许多难以想象的困难，在很短的时间内就用铁脚板仔细测量出了三条引漳入林主干线。为了确保万无一失，他们又把每条线路反复测量了四次，最后成功地拿出了《林县引漳入林灌溉工程初步设计书》，为引漳入林工程开工建设提供了科学依据。

当杨贵为渠线万一测不准、渠成引不来水而心怀忐忑之时，成竹在胸的吴祖太斩钉截铁地担保漳河水百分百能引进林县。他的答复打消了杨贵一直萦绕在心中的顾虑，也坚定了县委及时启动引漳入林工程的决策信心。

吴祖太和同事们除了完成了红旗渠工程整体设计外，还深入实践创新性地解决了许多施工难题。如后来成为红旗渠地标的青年洞，原设计方案是绕山修建明渠，但实践中发现施工难度和工程量太大，方案并不可行。吴祖太和同事们经过仔细研究，改进了原设计方案，决定开凿隧洞让渠道穿山而过，绕开难以施工的绝壁天险。总干渠跨越露水河支流浊河时，面临渠水和河水在同一平面上交叉的难题。他经过深入调研，掌握了河道地质基础和当地水文资料，创造性地设计出“空心坝”方案，让坝里过渠水、坝顶过河水，渠水与河水各行其道互不干扰。上述两个建筑设计独特、质量一流，最后都入选了红旗渠“十大工程”。但遗憾的是，作为设计师的吴祖太却不幸牺牲，没有机会看到自己亲手设计的心血之作亮相。

红旗渠工程开工后，吴祖太担任总指挥部工程技术指导股副股长，负责工程设计及施工技术指导，肩上的责任重大。不久，新婚妻子薄慧贞为救一名横穿铁路的学生不幸去世，他强忍悲痛，回去将妻子简单安葬后就返回了工地。他知道红旗渠刚刚开工，工地上一刻也离不开技术人员，不能因为自己的家事影响红旗渠建设大事。

吴祖太天天与施工人员奋战在红旗渠建设工地，现场解决了很多技术问题。比如，开凿王家庄隧洞时，他发现隧洞里出现了几处裂缝，立即召集人员研究，及时将原设计“单孔洞”改成“双孔洞”，这样既缩小了洞顶跨度，又大大提高了隧洞坚固程度。

不幸总是悄然而至。1960 年 3 月 28 日傍晚，有人反映王家庄隧洞洞顶裂缝掉土严重，他立刻明白是塌方前兆，赶紧撂下刚端起来的饭碗，与负责工地安全工作的姚村公社卫生院院长李茂德一起去察看险情。李茂德是姚村公社北陵阳大队（村）人，时任姚村公社党委委员、卫生院院长，除了负责工地医疗工作外，还兼管工地安全事务。他们进洞后一边催促还在施工的人员赶紧撤离，一边向洞内深处走去。18 时 20 分，洞顶突然坍塌，两人不幸遇难。当人们拼命地把他们刨出来后，两人已经停止了呼吸。时年吴祖太 27 岁，李茂德 47 岁。

对于刚刚进入建设高潮的红旗渠而言，吴祖太的牺牲无疑是一个巨大损失。噩耗传来，杨贵等县委领导十分痛心，久久不愿相信这一事实。年轻的吴祖太远道而来支持林县水利建设，此时正是风华正茂、大展身手之际，新婚妻子刚遭遇不幸，自己又为红旗渠建设献出了生命，如此情状怎不让人扼腕痛心？县委立即成立治丧委员会，就在红旗渠工地上召开追悼大会，沉痛悼念这位为红旗渠建设做出巨大贡献的水利技术员，并追认他为中国共产党正式党员。

吴祖太、李茂德用自己的生命保护了工友们的安全，后来王家庄隧洞被命名为“安全洞”，这既是纪念两人因公殉职，也是警示所有人永远牢记施工安全。年轻的吴祖太用有限的生命在太行山上画出了一道亮丽风景，所有林县人都应该对他心怀感念。

红旗渠总指挥部是整个工地的大脑中枢。它始终跟着重点工段走，前后移过 11 个地方。周绍先、王才书、马有金先后担任过总指挥。他们的共同特点是从来不坐在帐篷里遥控指挥，而是深入一线靠前指挥、现场办公，每天从早到晚奔波在工地上，与修渠群众并肩劳动，从不搞特殊。周绍先副县长做过心脏手术，每天与工作人员一样住帐篷、吃大灶，睡觉用的枕头不过是一块长方形石头上面加垫了些茅草。超强的劳动强度和恶劣的生活条件加重了他的病情，后来工作由副指挥王才书接手。王才书身体也不太好，患有坐骨神经痛，长期坚持带病工作，高强度工作也让他的身体越来越吃不消，1961 年 10 月总指挥职务由马有金接替。马有金担任总指挥的时间最长，一直干到红旗渠最后建成。他工匠手艺样样精通，抡锤打钎一把好手，干活身先士卒，深受群众爱戴。

马有金是林县水利战线上的一个标杆式人物。他是一位从水利建设一线逐渐成长起来的领导干部，几乎参与了林县所有的重大水利工程的建设。他先后担任过英雄渠、南谷洞水库工地工程股股长、副总指挥、总指挥，红旗渠工地总指挥，是一位懂管理、会技术、有威信的实干型干部。他个子高、身体壮，皮肤黝黑，干活利索，对工程质量要求严格，整天黑着个脸到处巡查，大家对他是又爱又敬又怕，背地里都喊他“黑老马”。这个绰号在红旗渠工地上越来越响亮，后来整个林县无人不知、无人不晓。

由于长年奋战在水利建设一线，马有金练就了一身好手艺，木工、石工、瓦工样样精通，就连老匠人也忍不住交口称赞。在工地上，马有金发现一些青年锻石头技术不过硬，就拿起锤钻现场开展教学，嘴里还念着口诀：“戳直道，手要硬，手松了，钻就蹦，抡高锤，把好钻，不怕石头不好钻。”隧洞里抡锤打钎，一般人打五六十下就得歇一会儿，他抡锤打钎既有力又富有节奏，可以连打 180 锤不歇气，在场的群众都暗挑大拇指。纪录片《红旗渠》中就有马有金在

正是因为有了如马有金这样身先士卒、舍生忘死的领导干部，才能带领林县人民创造奇迹。正是因为有了这样的责任与担当，才能奏响感天动地的奋斗之歌。（拍摄 / 魏德忠）

隧洞里抡锤打钎的镜头，姿势看上去既轻松又有力，洋溢着劳动的美感。他也是性情中人，有一次看到炮手们在崖上打炮眼，一时兴起就把上衣一脱，光着膀子加入打钎行列，叮当作响一气连打 150 锤。在场的炮手们都拍手叫好，同时也倍受鼓舞，一个个把炮锤打得更加猛烈。

马有金尤其重视施工安全和工程质量。他明确要求工地上无论是抡锤锻石、开山放炮、挖山凿洞，还是烧石灰、造炸药等等，党员干部必须在现场进行指导监督。有一次，他发现有个工地凿洞和砌筑施工之间配合得不协调也不安全，立即召集大家开会研究，最后改进了施工方法，要求每凿进去两米停下，垒砌拱券后再开始凿进，稳扎稳打、安全高效。他经常黑着个脸到各个工地巡查，发现施工中有弄虚作假、偷工减料的情况时当场给予严厉批评，不留情面亲手掀掉要求返工重做。

他特别注重调动和发挥一线干部的主观能动性，经常与各分指挥部负责人谈心：我们现在干的是祖祖辈辈的千秋大业，即使我们以后过世了，我们的子孙还要吃水浇地，必须提高工程质量，绝不能让他们受二茬罪。领导要多为民工出主意想办法，要关心群众生活，把兵带好，要注意工作方法，把上级的指示精神变成群众的自觉行动，激发民工积极性，提高施工效率。

有一个“龙宫探险”的故事当年在林县流传很广，主角儿就是马有金。有一天突降暴雨、山洪暴发，他带人沿着渠岸巡查，排查安全隐患。当来到南谷洞水库附近时，他意识到如此罕见的山洪，水库可能会出现险情。一旦水库出了问题，不仅红旗渠施工会受影响，附近群众也会受灾，甚至殃及下游的邯郸和天津。他带人在大坝上严防死守，几天几夜都没有合眼。突然，他发现坝基下面旋起了一个小漩涡，这是出现管漏的信号。大家急忙把一个个沙袋投了下去，但洪水翻滚水面浑浊，始终找不准管漏位置。他意识到再这样耽搁下去会出大事，嘴上嘟囔着“就是龙宫我也要去探探”，腰间早已系好了大绳，不顾大家阻拦“扑通”一下跳进了水里。几分钟后，他发出了上拉绳子的信号，人们七手八脚地拉他上来，却发现他浑身伤痕、奄奄一息。等他刚缓过神来，立刻手指已探明的管漏方位，指挥人们赶快投沙包，很快堵住了管漏。这件事后来被编成了一出现代戏，“龙宫探险”的故事，很快火遍全县。

在红旗渠工地上，像马有金这样的党员干部很多。他们充分发挥模范带头作用，每天奋战在修渠一线。在工地上，你很难分辨出来哪个是领导干部，因为他们和修渠群众每天一起风吹日晒、顽强拼搏，都是一样的古铜色脸庞，一样的粗布烂衫、钉掌布鞋，一样在抡锤打钎、推车运料。有一次杨贵到渠首工地督察，站了半天也没找到分指挥部的人，仔细一看，原来干部和群众都在河里面奋力干活，脸上身上裹着泥沙，根本分不出谁是谁。

毛泽东在《愚公移山》一文中指出：“首先要使先锋队觉悟，下定决心，不怕牺牲，排除万难，去争取胜利。但这还不够，还必须使全国广大人民群众觉悟，甘心情愿和我们一起去奋斗，去争取胜利。”[①]党的群众路线是一切为了群众，一切依靠群众，从群众中来，到群众中去，这是我们党领导人民取得革命、建设和改革胜利的重要法宝。工地总指挥部要求所有党员干部与修渠群众上下拧成一股绳，在工地上处处体现党的领导，时刻起到表率作用，并把相关要求具体细化为一项项的制度规定。其中最具代表性的就是“五同”和“六定”。

“五同”就是干部与群众同吃、同住、同劳动、同学习、同商量。这是县委对工地上所有干部的要求，县委领导也不例外。有一次杨贵到红旗渠工地检查工作，炊事员特意给他端了一碗小米稠饭。说是稠饭，其实不过是比稀粥稍微稠了一点儿而已。杨贵发现与大家吃得不一样后，大步过去把碗里的小米稠饭倒进大锅里，仔细地用勺子搅匀，

① 《毛泽东选集》第 3 卷，人民出版社 1991 年版，第 1101 —1102 页。

与 20 多人分着喝。“五同”是工作机制，在实践中好处很多，领导干部天天在一线工作，熟悉各方面情况，遇到突发事件或疑难问题时第一时间就能处理，省去了层层上报和调查研究等环节，大大提高了工作效率。“五同”也是监督机制，时刻和群众在一起，接受群众的监督，根本不用听汇报、看材料，避免了官僚主义、形式主义等不良风气发生。

“六定”就是给干部定任务、定时间、定质量、定劳力、定工具、定工段。工地上每个干部都要参加劳动，每个人建有劳动手册，每月规定有劳动时间和天数，只能超额完成不能拖欠。如果出现拖欠，接下来必须想办法补上。马有金兼着副县长和总指挥两个职务，有一个月到县里开会较多，工地上管理工作也不少，月底统计劳动任务还差 10 天没有完成。大家建议他不用太较真，毕竟里里外外干的都是公事，可他硬是在下一个月里加班加点加量，补齐了拖欠的任务量。工地上年终统计党员干部参加劳动时间时，马有金年年都在 200 天以上。这一结果让所有干部群众吃惊不已，更加对“黑老马”肃然起敬。

杨贵经常对干部们说“只要领导一心为人民，就能赢得万众一条心”。红旗渠工地上有一条不成文的规定：领导干部要先实验，再给群众定指标。如果领导干部凿洞一天能够推进 1 米，就给群众定 80 厘米。如果领导干部一天能够修渠 5 米，群众的标准就定成 4 米。这样既可以科学确定工作量，也能够避免施工中的瞎指挥、乱摊派。话说千遍不如一干。“领导先试先行”的管理办法表面上看起来很“土”，却充分体现了实事求是的精髓和东方文明的智慧，在实践中也特别地务实高效。

干部喊破嗓子，不如甩开膀子。修渠群众一般实行一月一轮换或 2~3 个月一轮换，但社队带队干部、技术员、司务长、保管员等骨干力量实行“四固定”，一般不进行更换，目的是确保核心战斗力、避免工作脱节。这些核心骨干长年奋战在工地一线，不怕苦、不叫累，始终发挥着先锋模范带头作用。正是有了党员干部冲锋在前、吃苦在前，群众才更有信心、更有勇气去排除万难、争取胜利。修渠干部群众每天在山上跟石头打交道，鞋子穿不了几天就会磨破。工地上特意设立了很多钉鞋摊，从外地购买了大量废旧的自行车、汽车的轮胎，专门用来为干部群众钉鞋底。打掌鞋、补丁衣、帆布垫肩，这是当年修渠人的标配。

工地上还有一条不成文规定：干部的工作量要比群众大，口粮标准要比群众低。当时县里统一规定，工地上干部每月 24 斤口粮，修渠群众按照缺粮队每人每天 0.7 斤原粮、自足队 0.8 斤原粮、余粮队 1 斤原粮的标准自带口粮，不足部分由工地补助到 1.5 斤。1.5 斤原粮貌似不少，但制成食物后也不过七八两，当时伙食基本没有油水，修渠又是重体力劳动，实际上这些粮食根本不够吃。凡是修过红旗渠的老人后来在接受采访时都不约而同地提及那时候天天吃不饱，甚至经常吃用红薯叶子与玉米糁儿熬的粥，干活全凭着一股精气神。有一组当时工地上粮食补助的统计数据真实地记录了这一事实：1960 年 2 月到 4 月，每天干部补 1.5 斤，民工补 2 斤；5 月到 8 月，干部补 1.2 斤，民工补 1.8 斤；9 月到 10 月，干部补 0.8 斤，民工补 1.2 斤；11 月到 1961 年 5 月，干部补 1.2 斤，民工补 1.5 斤；6 月到 1965 年 4 月，干部补 1.2 斤，民工补 1.8 斤。从上述数据可以看出，红旗渠工地上的粮食补助标准始终遵循干部比群众低的原则。

工地上规定，补助粮中 30% 是玉米面等杂粮，70% 是白面，但实际上很难做到。红旗渠建设初期玉米面、白面很少，多用红薯面、红薯干、木薯干、萝卜干等代替，窝头是混合型的，菜则五花八门，也就是俗称的“吃糠咽菜”。直到 1963 年后这一状况才有了明显好转。姚村公社分指挥部食堂成功试验出用 1 斤玉米面做出七八斤馒头，总指挥部立即组织各公社前来参观学习。很多工地食堂为了节省粮食，想方设法用野菜、水草等做馅料，制成大包子让修渠群众填饱肚子。豫东平原（如周口、范县、长垣等地）盛产红薯，当地人吃不了常用来喂猪，缺煤少柴时也用红薯干烧火做饭。林县得知这一情况后，号召全县各单位努力节约用煤，节省下来的煤票由供销社统一拿到豫东各地去换购红薯干。采购人员不敢跟对方说红薯干是给人吃，怕人家知道后丢人，只能厚着脸皮说是给县里酒厂做原料，顺手还把人家不要的红薯秧也带回来替代蔬菜。采购人员还费尽周折从广东湛江购买骨粉，运到湖南等地换成当地人不吃的碎大米，然后再运回林县。这些来之不易的粮食全部送上了红旗渠工地，大大缓解了早期粮食不足的问题。

红旗渠总干渠起步于三年困难时期，工地上粮食供应自然十分紧张。领导干部带头做表率，生活上绝不搞特殊。县委书记杨贵有一次早上饿着肚子到工地检查工作，眼前一黑晕倒在路上，醒来啃了点儿干粮才缓过神。他严厉告诫在场人员不许说出去，以免引起不利于红旗渠建设的负面影响。除险队队长任羊成经常看到马有金喝盐水，就好奇地问个究竟。马有金坦然回答：喝盐水，容易渴，渴了就得喝水，就能把肚子撑饱，就不会感到饿了。

修渠群众吃的粮食、蔬菜需要各社队自己送到工地上，由于路途遥远、交通不便、物资缺乏，后勤供应也时常跟不上，人们饿着肚子修渠也是常有的事。最困难的时候是 1961 年，每人每顿只能喝两碗用红薯叶和玉米棒子芯碾碎了做成的糊糊，吃一个二两重的杂粮窝头，一天的主粮只有 6 两。各个工地和住地之间往往距离比较远，人们早出晚归需要走好几里地。每天早上吃饭每人一个玉米面窝头和两碗菜汤，但有个青年拿着窝头不吃，直接揣在怀里，只是喝两碗菜汤。工地领导有一天发现了这一奇怪现象，就问他到底是怎么回事。他不好意思地回答说，窝头要等快到工地时再吃，否则人一上到工地肚子就饿了，上午干活就没劲儿了。

高强度的劳动耗尽了人们身上的能量，大家就想尽一切办法搜罗可食之物填饱肚子。有的到山上采野菜、野草，有的到漳河里捞水草，甚至吃树叶、啃树皮，目的只有一个，千方百计填饱肚子补充能量保持战斗力。由于采摘的野菜时常会有一些问题或处理不当，工地上发生过多起食物中毒事故。

在山上修渠劳动强度很高，再好的营养也远远不够，何况修渠人每天吃的食物是如此的差。每天饿着肚子仍然劈山不止的人们当时到底有多饿？有一次技术员吴祖太从工地上回来跑到食堂吃中午饭，馒头二两一个，一口气吃了十多个，足足的二斤多。作为技术员的他，体力劳动在工地上并不是最重的，但一顿饭就能吃这么大的量，其他人的饭量可想而知。

这里有一个真实案例足以说明问题。可能现在的人都无法想象，身材瘦小的任羊成曾经有过一顿饭吃 5 斤的纪录。有一次河南省委第一书记刘建勋到工地视察，看到任羊成在山上除险的惊险场面后非常感动，特意邀请他中午到指挥部一起吃饭。通讯员端来了三碗面条，省委领导、杨贵、任羊成每人各吃了一碗。刘建勋感觉到任羊成没有吃饱，让通讯员再去食堂找找看还有什么吃的。很快 10 个红薯面黑馍和 2 碗面汤被端了上来，任羊成风卷残云一扫而光。看到这一情形，刘建勋又让加了 10 个黑馍。任羊成一点儿也不客气，又是盘光碗净，在旁边看的两位领导面面相觑。临走时刘建勋特意让任羊成带 2 个黑馍回去慢慢吃。他一出屋门就忍不住继续开吃，大门还没迈出去，2 个黑馍就被"团灭"。这时候任羊成才发觉身后好像有人，一回头发现省委书记和县委书记正远远地盯着自己，顿时感觉脸上火辣辣的，浑身不自在。

22 个黑馍，2 两 1 个，一碗面条 2 两，再加上 2 碗面汤，任羊成这一顿饭竟然吃了将近 5 斤，无怪乎两位领导目瞪口呆、难以置信。可能这一幕真的是刺激了两位领导，让他们对修渠人的劳动强度有了更深刻的认识，之后工地上就提高了口粮的补助标准和饭菜质量。

还有一件事情也从侧面反映了当时修渠生活的艰苦程度。总干渠修成后，杨贵专程到山西省委致谢。当着省委主要领导的面，他代表县委表达了歉意，说林县在山西境内修渠时给平顺县造成了不少麻烦，树上的树叶也吃了不少，并表示愿意出钱赔偿一下。省委领导听了很是感动，大手一挥，说吃点儿树叶那算什么，就是全都吃光了也没事。修渠人每天吃的是这样的食物，干的却是与山石死磕硬碰的工作，饥肠辘辘下为了填饱肚子，连山上的树叶都快要吃光了，可见当时的生活之艰难、斗志之顽强。

山西境内的浊漳河两岸都是奇峰对峙、坡陡崖直，总干渠又全部是在山腰上修建，施工难度超乎人们的想象。其中最难最险的一段是谷堆寺、鸻鹉崖、鸡冠山三道天险。特别是鸻鹉崖异常陡峭，长 200 米、高 250 米，当地人称“鸻鹉崖是鬼门关，风卷白云上了天，禽鸟不敢站，猴子不敢攀”，险峻程度由此可见一斑。鸻鹉崖下既无法直接修建明渠绕山而过，因山体中部的岩层质地太松软也无法凿洞穿过，最好的办法就是用炸药从上到下一举劈开陡崖，然后沿山修建明渠。

城关公社的勇士们承担了劈开鸻鹉崖的重任。他们需要在悬崖上先打出 39 个 20 多米深可以装填炸药的大炮洞。炮手们在山顶上打下钢钎作绳桩，然后身系绳索下到崖下凌空打炮洞。他们悬在半空中抡锤打钎，身边山风呼啸，身上绳索荡悠，不时还有落石坠下，生死往往悬于一线。打炮洞的过程费时费力、异常艰辛。先用钢钎在岩石上打出小眼，然后使用黑火药烧（俗称“烧炮”），就这样打打烧烧、烧烧打打、越打越深，炮眼慢慢变成炮洞，再下入炮洞里继续打钎烧炮，直到打成符合技术要求的深洞，最后安装足量炸药实施爆破。

山上施工迥然不同于平地，安全风险如利剑一般时刻高悬头顶。修渠干部群众的劳动热情十分高涨，但接二连三发生的安全事故还是大伤士气。红旗渠开工不久，工地上出现了一个舍己救人的事迹。2 月 18 日，姚村公社妇女营营长李改云及时发现山上有落石险情后，立即呼喊山下的施工人员闪避。有个年轻姑娘吓呆了，待在原地一动不动。李改云奋力推开姑娘，自己瞬时被滚下来的碎石掩埋。后经多方悉心救治，

人们悬在半空中抡锤打钎，身边山风呼啸，身上绳索荡悠，不时还有落石坠下，生死往往悬于一线。（拍摄 / 魏德忠）

她最终恢复了健康，但一条腿已然终身残疾。在她舍己救人的地方，附近渠上的一座小桥后来被命名为“改云桥”。5 月 10 日，24 岁的苏福财、23 岁的杨黑丑、22 岁的张文德为了加快打炮洞进度，接连下到炮洞里去驱散爆炸后产生的浓烟，最后因烟熏窒息全部遇难。6 月 7 日，炮手余长增在往炮眼里装炸药时因操作不慎引发爆炸，身受重伤后不治身亡。6 月 12 日，谷堆寺工地崖壁上滑落一块巨石，崖下作业的群众 9 人身亡、3 人重伤，场面极其惨烈。这一天，鲜血染红了山崖，惊呆了众人。让我们永远记住他们的名字：秦天保、李黑、李保拴、王银秀、王书英、李保山、董合、方海荣、董合吉。这期间多个工地上也出现了多起失足落崖、落石伤人等安全事故。究其原因，除了施工环境条件恶劣外，也有开工初期人员热情过高、施工经验不足、现场管理不善、技术条件落后等因素。

血淋淋的教训让修渠人冷静了头脑、增长了知识、积累了经验，而不幸牺牲的人们，无疑是最为可敬的先行者、拓荒人。他们的音容笑貌，已经印在山崖上，刻在渠岸上，与红旗渠同在。

再险的路也得有人走，再大的困难也要想办法去克服。总指挥部立即要求各工地停工，同时深刻反思所有事故原因，从中汲取教训、总结经验，迅速制定出了一系列安全管理制度，然后抽调精兵强将集中进行大会战。最后，人们在 3000 米长的渠线上一共安装了 384 个开山炮眼，用连环炮一举攻克了谷堆寺、鸻鹉崖、鸡冠山三座天险。

就是在此次大会战中，一位土生土长、瘦小精干的年轻人脱颖而出，一步步成长为红旗渠建设者中杰出代表之一。

任羊成出生在浊漳河南岸的古城村，自幼家境贫寒，出生后母亲没有奶水，靠喝羊奶长大，因此得名“羊成”。他 10 岁时就担任儿童团团长，为八路军站岗放哨、传送情报。解放战争时期，他作为民兵踊跃支前，先后参加了解放邯郸、鹿楼、汤阴、安阳等战役，经历了血与火的锻炼。新中国成立后他先后担任古城村互助组组长、初级社社长、高级社社长、任村区民兵连连长，带领村民向荒滩要粮、引河水浇地，很快使古城村脱颖而出，成为远近闻名的富裕村。

1958年4月，任羊成响应县委号召，带领任村区民兵连参加南谷洞水库建设。南谷洞水库是堆砌坝，工程量之大如同移山造海，石材需求量特别巨大。山上有的是石头，可以就地取材。工地组建了一支300多人的爆破队，由任羊成担任队长，专门负责在山上爆破采石。一次任羊成一炮轰平了一座山头，崩下的石头足足有五六万方，工地总指挥李贵县长当场高声大赞："任羊成一炮崩了一座山，震得太行颠三颠。"

爆破队每天干的都是凌空打钎、装炮、放炮、除险的危险工作，但队员们发扬愚公移山精神，一不怕苦二不怕死，在任何困难和危险面前从不退缩。一天，队员元金堂发现一级输水涵洞三号旁洞口一个炸药箱正在冒烟，周围原本忙碌的施工人员看到后瞬间不知所措。如果不及时除险，不仅在场的所有人性命难保，开挖三个多月的三号旁洞势必受损。元金堂此时没有丝毫犹豫，一个箭步冲过去，抱起炸药箱拼命地向悬崖边跑去，最后不幸牺牲。他用自己年轻的生命换来了67名工友的安全，也保住了大家辛辛苦苦建设的三号旁洞。

身为队长的任羊成干活更是不惜力、敢拼命，瘦小的身体里蕴藏着无穷的力量。刚到工地的时候，李贵县长十分欣赏这个胆大能干的年轻人，当面问他："任羊成你怕死不怕？"任羊成老老实实地回答"怕死"。李贵于是半开玩笑半认真地说："那你入党吧，入党就不怕死了。"后来李贵又看到任羊成，关心地再问："现在还怕死吗？"任羊成骄傲地回答："现在不怕了，我入党了。"

入了党的任羊成越发变得成熟，不仅胆大心细、敢打敢拼，而且无所畏惧、敢于牺牲。每次遇到处理瞎炮等重大险情，他不准别人擅自处理，自己却总是冲在前面。好几次他身处险境、身负重伤，却总能死里逃生。工地上的群众看到他干活如此不要命，经常问他怕不怕死，他总是硬气地回答："死是摔在悬崖上的一块肉，怕死不当共产党员。”人们对他很是服气，由衷地赞叹：“除险队长任羊成，阎王殿上报了名。”

由于爆破采石会震动山体，工地上经常有落石伤人事故，严重影响山下施工安全。为了解决这一安全隐患，人工除险当时作为一个特殊工种在人类工程史上首次亮相。家住太行山深山区石板岩公社上坪大队的王天生是个药农，过去常年在崖上采五灵脂，练就了一身攀崖下崭的高超本领，加入爆破队后很快就成为除险主力。任羊成不满足只当一个炮手，就拜王天生为师苦学下崭本领，很快成了爆破和除险的双料能手。

红旗渠开工后，任羊成作为技术能手被抽调参加渠首工程建设。他负责带队在山上爆破采石，山崖上经常有被放炮震裂松动的山石滚落下来，严重影响山下施工。正当分指挥部领导为此着急发愁之时，任羊成主动请缨下崭除险，及时排除了安全隐患，保证了渠首工地施工安全。红旗渠总干渠穿行于崇山峻岭，必须在半山腰炸开渠线施工，坠石伤人的事故经常发生，严重影响工地施工。要想确保安全施工，必须在每天放炮后及时清理掉崖上活动的石头，否则崖下的修渠工地就无法开工。任羊成既懂爆破又会除险，很快成为各个工地争相邀请的紧缺人才。此后，他在红旗渠建设中大放异彩，特别是在攻克石子山、红石崭、虎口崖中屡建奇功。

谷堆寺工地发生重大坠石伤亡事故后，修渠大军士气低沉，整个红旗渠工地被迫停工。总指挥部经过认真研究，决定成立一支专业除险队，彻底解决各个工地上落石伤人的问题。刚从南谷洞水库工地调来支援会战的马有金副县长立刻想起了曾经的得力手下，亲自找到任羊成委以重任。任羊成临危受命，精心组建了一支 12 人的专业除险队，此后常年活跃在红旗渠各个工地上空，成为工地上最亮丽的一道风景。

除险队员们个个都非等闲之辈，每天的工作格外引人注目。他们身系大绳，腰间别着铁锤、撬杆，手拿除险木杆（长 2 米，一端装有铁钩），两脚一蹬崖壁，手里的木杆一推一挡，身子就忽地悠了出去，等身子荡回来后就用木杆用力去挠松动的石头。如果石头太大挠不动，就用撬杆别，实在别不掉，就用大锤砸，直到把所有松动的大小石头处理干净。悬崖下面的人向上望去，除险队员们有时像老鹰一样飞来荡去，有时像壁虎一样趴在崖上一动不动，不一会儿大大小小的石头就滚落下来，有的直接打着滚儿落入了浊漳河。当时上上下下的人都没有意识到，这些凌空除险的身影将永远烙在红旗渠上，定格为一个最具代表性的时代剪影。

今天我们参观红旗渠纪念馆时，一定会被一张黑白照片所吸引：悬崖峭壁上，两人腰系大绳、手持除险木杆，正面朝崖壁凌空除险。突兀的崖壁、广阔的天空，烘托出了他们矫健的身姿。其中的一位“飞人”，就是特等劳模任羊成。这张照片是《河南日报》记者魏德忠先生拍摄的经典之作。红旗渠修了 10 年，他坚持跟踪拍摄，与修渠人打成了一片，与林县人民结下了深厚友谊。他拍摄创作的红旗渠系列照片质量高、数量大，为我们今天学习和研究红旗渠留下了珍贵的影像资料。他以独特的方式参与并见证了红旗渠建设的整个过程，是林县人民的老朋友、一位令人尊敬的优秀新闻工作者。2020 年 12 月 20 日，德艺双馨的魏德忠先生获得了“中国文联终身成就摄影家”的荣誉。

如今的红旗渠青年洞景区，已经用实景演出的方式再现了当年凌空除险的场景，游客们可以身临其境地感受当年战天斗地的惊心动魄。实景表演每天上下午各有一场，表演者是任羊成老先生亲手培养的新一代下崭除险能手。虽说只是现场表演，但悬崖上人影飞来荡去，视觉上依然足够震撼，非常值得一观。

凌空除险无疑是工地上最危险的工种。当时任羊成正是 30 多岁年纪，天不怕地不怕死都不怕，浑身上下都是干劲。他和除险队员们每

凌空除险的人们每天腰系粗绳从山顶降到悬崖峭壁中间凌空作业，冒着生命危险打炮眼、点炮捻、除险石，时刻面临着危险。（拍摄 / 魏德忠）

天腰系粗绳从山顶降到悬崖峭壁中间，凌空打炮眼、点炮捻、除险石，几乎天天都在玩命。

在鸻鹉崖工地除险时，吊在半空的任羊成仰头正准备给上面的同伴发信号，突然崖上一颗滚落的飞石砸到了嘴上。等他清醒过来用手一摸，发现一排门牙被砸倒了。他忍着剧痛掏出手钳，一把拔掉被砸倒的门牙，然后一声不吭，继续除险。下工后，他的脸已经肿了一大圈，嘴里疼得连饭也吃不下。他担心被工地领导发现后第二天不让上工，就戴上口罩遮掩，有人问起就说是牙疼，每天还是照常下崭除险。

在四眉崭除险时天寒地冻，他让其他人在崭上看绳，独自一人顶风冒雪下崭除险。雪越下越大，他从早上一直干到中午，汗水浸透了衣服又被寒风冻成了冰甲。当大家七手八脚解开他身上的绳子时，人已经被冻僵了。大家用棍子敲去他身上的冰甲，就地生起了一堆篝火为他取暖，过了好久才把他暖了过来。

还有一次在通天沟除险，当任羊成脚蹬崖壁用力荡起的时候，上面负责控制绳子的人一时疏忽，绳子突然滑动，他整个人掉进了山崖上的荆棘丛中，尖锐的圪针瞬间扎满了全身。过了很久他才慢慢地爬出荆棘丛，挣扎着荡了出来，忍着剧痛继续除险。回到住地后，他瞒着大家让房东老大娘和她儿子帮忙挑身上扎的圪针，最后挑出的圪针有一大捧，吓坏了两个帮忙的人。工地上磕磕碰碰受点儿轻伤都是家常便饭，他每次找医生抹点红汞碘酒，然后继续上山除险。

最危险的一次是在青草洼点炮。当时任羊成腿部刚刚受伤尚未痊愈，点炮后撤离时腿脚不利索，还没来得及撤到安全地点，就被炸起的乱石堆整个埋住，等被救出来时已经奄奄一息。他在床上躺了七天，又偷偷地来到工地继续劳动。工地领导们看了不忍心，多次强令他休息，可每次都被他含着泪水说服。他说："不，除险一分钟也停不得，只要大家安全，我吃点苦不算啥。修渠就是革命，怕死就不能成功。我是共产党员，我要为人民服务，为实现共产主义而奋斗。"任羊成苦

腰系粗绳的任羊成，在凌空除险时，被突然滚落的飞石砸到了嘴上，他忍着剧痛一把拔掉了门牙，然后一声不吭地继续除险。（拍摄／魏德忠）

干实干拼命干的精神，深深感染了所有修渠人。“飞虎神鹰任羊成”成为一个响亮的名号，很快传遍了整个红旗渠建设工地。

红旗渠第一期工程从1960年2月11日动工到10月1日竣工，历时232天，任羊成以工地为家，几乎没有请过假、歇过工。仅有的两次请假，一次是老母亲生病住院，另一次是妻子生孩子，他都是晚上匆匆回家探望一下，第二天一早又急急返回。红旗渠总干渠建设期间，他几乎踏遍了沿线所有的险要山头，亲身参与了很多重大攻坚。长期高强度的劳动使得他的体重长年只有80斤，直到总干渠修成数年后才慢慢恢复到120斤的正常水平。

除险队员使用的大绳都是结实耐磨的麻绳，直径有鸡蛋粗细，短的四五十米，长的有上百米。最长的一盘大绳重达280斤，需要两个人抬着上山。由于长年累月在悬崖上飞来荡去，粗糙的大绳把任羊成的腰间勒出了一道道血痕。有时除险时间太长，腰里更是磨得血肉模糊，下工后连衣服都脱不下来。

多年后，当新华社社长、著名记者穆青采访任羊成时看到了令人震撼的一幕：一道20厘米宽的厚厚老茧，像一条赤褐色的带子，环绕在任羊成的腰间。原来是当年粗糙的大绳无数次把任羊成的腰磨出了血泡，反反复复最后都磨成了老茧。穆青老先生禁不住潸然泪下，连连感慨这是吃了多大的苦、受了多少罪才变成这样呀！厚厚的老茧就是天底下分量最重的荣誉勋章，于无声处让后人膜拜，令世人景仰。直到红旗渠建成30年后，任羊成腰间的老茧才完全消退，但他干活拼命的精神却没有褪去，永远留在了红旗渠的史册上。

如今任羊成已经成为红旗渠的一张名片，最具说服力的红旗渠建设者代表。他倔强的性格、传奇的经历、不朽的业绩，深深地打动了每一位来访者。在烽火硝烟中，党带领他走上了革命道路，抗日战争和解放战争锻炼了他的体魄和心智，南谷洞水库和红旗渠建设最后成就了他一生的辉煌。在林县县委的领导下，他和千千万万个修渠人一起，奋斗在太行山巅，鏖战于浊漳河畔，用生命和血汗，演绎了一场自力更生、艰苦创业、团结协作、无私奉献的时代大戏。任羊成们个个破衣烂衫、满身灰尘，脸上却始终洋溢着幸福的微笑，朴素的身影耀眼夺目，划破了天际，穿越了时空，成为新中国当之无愧的最美奋斗者。

“实干、苦干、拼命干，红旗渠上当模范。”红旗渠工地上和任羊成一样顽强拼搏、不怕牺牲的青年还有很多，泽下公社马兰大队大队长王磨妞就是其中的佼佼者。

总干渠渠线上有一个叫“老虎嘴”的险峰。老虎嘴的上半截是 40 多米高的山峰，下半截是 50 米如刀削般的峭壁，中间的山崭不过 0.7 米宽窄，别说是让八米宽的渠道从这里通过，就是人也要小心地扒着石缝才能勉强通过。马兰大队和其他两个大队合编为一个营，营长王磨妞主动争取到了“老虎嘴”渠段的施工任务。

当人们来到施工现场后，不少人心里开始犯怵。要想让渠道从老虎嘴里通过，必须往里开一条 8 米宽、9 米高的通道，这样人才能在站在上面施工。有人探头往崖下看了一眼，不由得身子后退大声惊呼：“这要掉下去就摔成肉饼啦。”王磨妞不为所动，大声鼓励大家：“革命就得不怕死，老虎嘴虽险，再险它是死的，人是活的，只要有革命胆量，就敢撬开老虎嘴，架起红旗渠。”人们受到鼓舞一致同意，“干，就是龙潭虎穴咱也敢上”。

王磨妞带着大家腰系大绳下到山腰，贴在崖壁上奋力抡锤打钎开凿炮眼。老虎嘴上下都是花岗岩，钢钎断了一根又一根，打炮眼的进度十分缓慢。于是他带着技术员爬到老虎嘴的“鼻梁”附近，仔细勘察岩石纹路，终于找到了一层比较松软的岩层。30 个青年经过半个月苦干，终于打成了 5 个 5~7 米深的大炮眼，然后装上 500 公斤炸药，一炮炸开了老虎嘴。山上的活石不断掉下来，严重威胁施工人员的安全。很多青年见状纷纷争着要下崭除险，但王磨妞坚决不让大家冒险。他诚恳地跟大家解释："你们都不能下，我下！因为下崭咱没有经验，一不小心就有生命危险，我是共产党员，在困难面前我有'优先权'！"在大家的协同配合下，王磨妞飞身下崭顺利地完成了排险任务。经过几个月的艰苦奋战，一条宽阔的渠道昂首通过了天险老虎嘴。由于王磨妞胆大心细、敢打敢拼，被人们称为"虎胆英雄"。

山上修渠随时面临安全风险，但所有党员干部始终发挥着先锋模范作用，遇到急活险活都奋不顾身冲在前面，甚至做好了牺牲准备。姚村公社卫生院院长李茂德与吴祖太一起牺牲后，大家在料理他的后事时惊讶地发现，他早就将个人物品归置得整整齐齐，后事也提前安排得妥妥帖帖。他知道工地上随时会有危险，每天出门前就做好了回不来的准备。这种"出了门就没想着再回来"的情况在工地上并非个案，不少干部每天上工前就把手表、票证等值钱物件留在床铺上，为的是万一"光荣"了也好给家人留个纪念。一些修渠群众也把饭票、粮票、钱等个人物品塞在枕头底下，彼此之间约好，如果谁回不来了，就帮忙把东西转交给家里人。任羊成每天冒着生命危险上山除险，每次出门前都按照行军标准打好背包，把个人物品全部收在里面，为的是一旦有事，不用劳烦大家费劲儿帮忙整理，直接把背包送回老家就行。一天，马有金发现了任羊成打得结结实实的背包，误以为手下爱将怕吃苦想开溜，晚上等任羊成回来后狠狠地给予了批评。等弄清楚事情原委后，他惭愧不已，当众诚恳地向任羊成道歉。

榜样的力量最是无穷。实干是最好的领导方法，领导干部在下面喊破嗓子，不如在群众前面甩开膀子。党员干部在队伍前头树起了模范标杆，紧随其后的修渠群众自然倍受鼓舞、斗志昂扬。"干部能够流汗水，群众就能流血水；干部能够吃窝头，群众就能搬石头；干部能够搬石头，群众就能搬山头。"这些筚路蓝缕的建设者，不论是党员干部，还是普通群众，吃着世界上最差的食物，穿着补丁摞补丁的衣服，拿着无比简陋的工具，却都有着英勇顽强的斗志和视死如归的决心。

他们凭借自己坚强的意志和血肉之躯，就这样一下下地与太行山硬碰硬，一天天地与死神往死里磕，一寸寸推着渠道向前进。这样的自力更生，如何不令人震撼？这样的艰苦创业，谁见了不动容？这就是太行精神的传承，这就是山里人的脾气禀性。

前方工地上热火朝天、鏖战正急，后方后勤保障战线紧张忙碌如同战时支前。所有的单位和个人都在努力克服各种困难，想尽种种办法，忍受劳累辛劳，全力去打赢一场物资供应采购保障战役。

当时的林县流传着一句话：天不怕，地不怕，就怕李贵打电话。县长李贵分管财政，同时还兼任红旗渠后勤指挥部总指挥。1960 年正是国家特别困难的时期，几万人在渠上工地吃穿住用，粮食、蔬菜、钢钎、炸药、抬筐、苇席等样样都缺，每天向后方求援的电话应接不暇，直接跑来催要物资的人络绎不绝。李贵抓落实雷厉风行，每每物资告急，不论白天黑夜，当即打电话给粮食、供销、商贸、银行等部门负责同志，或者召集大家开会研究对策，或者直接下达指令。后勤战线上任务重、时间紧、压力大，许多人经常因为担心完不成任务而精神紧张，无计可施之时甚至会失声痛哭，只要一听是李贵打来的电话，立即会条件反射地紧张。

李贵是后勤战线的总指挥，却常常身先士卒冲在第一线。河南省洛阳地区洛宁县故县水库 1958 年开工，1960 年秋因“缩短建设战线”而停工缓建，剩下了一批炸药和雷管。经过努力争取，1961 年 6 月上级将这批炸药和雷管转批给林县红旗渠建设使用。当时林县没有像样的运输车队，李贵就带领一支数百人的小推车运输队，冒雨赶了几百公里来到洛宁，将所有炸药、雷管装上手推车，蚂蚁搬家似的运到了 80 多公里外的洛阳火车站。大家刚刚集中完毕，突然又来了紧急通知，说是有外宾的列车经过，车站 1.5 公里以内不准停放任何易燃易爆物品。李贵急忙指挥大家将炸药、雷管迅速运离火车站。后来火车车皮特别紧张，还要等几天才有可能安排承运这批炸药和雷管。人们待在车站走也不是、不走也不是，而红旗渠工地上又急需这批炸药、雷管。时间不等人，李贵当机立断决定不再等待车皮，指挥大家用手里的小推车往回运送这些“宝贝”。接下来的几个月里，从洛阳到林县260公里的道路上出现了罕见的一幕：来自林县的小推车排成长龙、络绎不绝，少量的汽车、马车混杂其中，数百名山里汉子硬生生地把500吨炸药和200万个雷管用小推车推回了林县，直接送上了红旗渠建设工地。20年前林县人就是用小推车支援解放事业，这一次还是用这一方法完成了不可能完成的任务。

为了有效支援红旗渠建设，红旗渠工地上专门成立了“红旗渠物资供应服务站”。县委从各个部门抽调精兵强将，组成了一支100多人的采购队伍，奔赴全国各地采购急需物资。这支精干的采购队伍特别能吃苦，特别能战斗，克服了各种困难，利用好一切关系，买回来了工地上急需的炸药、钢材、煤炭、水泥、布匹等物资。解放战争时期，林县是革命老区，100多名林县干部随军南下支援全国解放事业，分散在各地工作。如时任福建省省长马兴元、东山县委书记谷文昌、湖南省委书记万达等人都成了林县红旗渠建设的坚强后盾，力所能及地提供无私帮助。采购员到这些地区办事都是手拿两封信，一封是县里的介绍信，一封是李贵写给战友的信。

当时后勤运输主要靠马拉胶轮大车（俗称“汽马车”）等畜力车，本地缺乏骡、马等大牲畜，需要从外地大量采购。有一次，采购员李银负责从陕西运送牲畜返回。过黄河时船身一晃，船上载的一匹大骡子突然掉进了黄河。他情急之下一把拉住缰绳，差点把他也带下河。他拼死拉住缰绳不放，在船工的帮助下终于把骡子带上了对岸。还有一次，采购员张金发等三人从内蒙古买了157匹马运送回林县，途中突然遇到暴风雪。三人不顾寒冷，脱下身上的羊皮大衣，紧紧裹住几匹幼马。他们最后顺利地完成了运送任务，但三个人9天里只吃了14斤粮食，人均每天只有半斤，可见一路上辛苦到了何种程度。

李贵为人忠厚，面对困难时从不抱怨，"嗯"的一声应下来后，就会想尽一切办法去落实，即使没有条件也要努力创造条件去完成。（提供 / 李晓红）

林县过去从来没有拖拉机，采购员岳茂林受命外出采购。单位给予特殊照顾，准备了 15 斤胡萝卜和 10 个荞麦面疙瘩让他在路上当干粮，可他一路舍不得吃。他辗转多个城市，最后终于不辱使命，费尽周折采购回 15 辆拖拉机。有了这宝贵的 15 辆拖拉机，林县成立了“八一拖拉机站”，成为红旗渠运输战线上的主力军。

日升月落、斗转星移，修渠大军斩断了 45 道山崖，搬掉了 13 座山头，填平了 65 道沟壑，完成了拦河截流，建好了渠首工程，征服了石子山、红石崭、老虎嘴，凿通了王家庄隧洞，炸开了谷堆寺、鸻鹉崖、鸡冠山，折断了太岁峰、狼脸崖、老鹰峰，在高高的太行山腰垒砌成一条坚实的渠墙，引导着浊漳河水时而穿山入洞，时而绕山而行，倔强地向林县的方向延伸，不断地向胜利的终点接近。

从 1960 年 2 月 11 日正式开工，到 10 月 1 日正式竣工通水，八个月的艰苦鏖战，终于换来了红旗渠总干渠第一期工程顺利建成。巍巍太行的悬崖峭壁上第一次赫然出现了一条长 19 千米、宽 8 米、高 4.3 米、引水 25 立方米 / 秒的石砌大渠，桀骜不驯的浊漳河水终于俯首帖耳，乖乖地顺着蜿蜒的渠道，缓缓地流入林县地界。

在正式竣工通水之前，林县县委、县人民委员会和红旗渠总指挥部特意组织了一场试放水通水典礼，目的就是想让浊漳河水当着干部群众的面，来个华丽亮相，现身说法做个动员。

1960 年 8 月 30 日，受邀参加典礼仪式的各公社大队的干部群众，怀着无比激动的心情，蜂拥至位于两省交界处的河口村，翘首以待远方的“水”客人。当浊漳河水由远及近缓缓来到人们面前之时，整个太行山瞬间沸腾了。排山倒海的欢呼声点燃了浊漳河两岸，压抑多年的心声终于冲出胸腔，声音直上九霄，响遏行云。

眼睁睁地看着好不容易引来的水又白白地泄入旁边的浊漳河时，大家不由得顿足惋惜，嘴里纷纷念叨：“咱林县那么旱，这么大的水白白地泄掉了，太可惜了！真是太可惜了！”

杨贵问："大家说怎么办？"

大家异口同声回答："抓紧时间，一鼓作气，接着往前修。"

眼前的一切让杨贵彻底把心放下，他明白"以水促渠"的策略已经成功了，今后干部群众修渠的干劲就连太行山都拦不住了。

正是无数个奋斗者自力更生、艰苦创业、团结协作、无私奉献，才能够在高高的太行山上建成“人工天河”，把浊漳河水引进了干渴的大地，让千年的林县浴“水”重生。（拍摄 / 魏德忠）

第五章 攻坚克难

劈开太行山，漳河穿山来，林县人民多壮志，誓把河山重安排。心中升起红太阳，千军万马战太行，毛泽东思想来统帅，定叫山河换新装……

——纪录片《红旗渠》主题曲

《定叫山河换新装》

鏖战八个月后，总干渠第一期工程（山西渠段）正式竣工，浊漳河水被成功地引到了林县地界，引漳入林取得了阶段性大胜利。为了尽快实现通水，让渴望的群众早日得享水利，总指挥部决定第二期工程先修建成渠墙高 2.5 米、底宽 8 米的小断面渠道，初步满足通水要求，待以后三条干渠建成后再回过头来按照原设计标准加高加固。这一务实灵活的施工决策充分体现出决策者强烈的为民情怀。

1960 年 10 月 17 日，红旗渠第二期工程（河口至木家庄段）全线开工，修渠大军全部由山西转入林县境内施工。在自家门口修渠自然诸事便利，干部群众的修渠热情也越发高涨，但是此时突然变化的国内外形势一下子绊住了林县人民大干快上的脚步。

1960 年秋，中苏开始交恶，苏联单方面撕毁援建合同，紧急撤回援建专家，很多工程被迫中途停工，同时偿还外债的压力也陡然增大。此时国内自然灾害大面积发生，国民经济暂时出现困难，此前越刮越猛的“共产风”“浮夸风”后果开始显现，很多地方相继面临粮食紧张的局面，个别地方甚至出现了饿死人的现象。面对十分严峻的经济形势，11 月党中央发出通知，要求全国实行“百日休整”，各地开展生产自救，所有在建基建项目全部下马停工。

红旗渠是继续建设还是下马停工？

在严峻的形势面前，一些党员干部很自然地产生了先把人都撤下来，以后视情况再复工的想法。这一想法既符合中央要求，也符合常理，完全可以理解。还有一些不利于红旗渠的流言蜚语在到处传播，“眼下这么困难，修渠硬充好汉”“不顾群众死活，死抱红旗不放”等等。这些不和谐的论调代表了部分长期存在的消极负面情绪。关键时刻，老成持重的县长李贵向杨贵开诚布公：“我们已经出了这么多人力物力，如果放弃，对不起共产党更对不起老百姓。”他的态度代表了很多具有丰富基层工作经验的党员干部的心声。

毫无疑问，红旗渠修建此时正处在滚石上山的关键时期，哗啦啦的浊漳河水已经引到了林县地界，干部群众的热情正空前高涨，值此攻坚克难之际，修渠士气可鼓而不可泄。如果咬牙坚持，就能爬坡过坎、渡过难关。如果全部停工，以后再想复工谈何容易？如果今后复工遥遥无期，已经建成的渠道势必成为烂尾工程，到那时可能就真的是“劳民伤财、千古罪人”。

杨贵经过深思熟虑，想出了一个颇具智慧的解决思路：整个工程大面上按中央要求停工，让绝大多数的修渠群众下山回家休整，只留下少量精干力量继续攻克不需要太多人手的咽喉工程。这样的话既有效落实了中央“百日休整”的指示精神，又可以从实际工作出发保留住了建设火种，不至于使红旗渠中途下马，造成难以挽回的损失。

他立即召集县委领导班子开会研究。会上他动情地对大家说：“全国粮食紧张和经济困难是客观事实，但我们还有一定数量的储备粮食。群众修渠积极性很高，县委应该实事求是地落实中央精神，根据咱们林县的实际情况统筹兼顾，灵活决策。中央指示要执行，大面上要停工，但重点地段的重点工程不能停，否则，将来无法向人民交代。二期工程的困难是开凿出 600 多米长的隧洞，工程虽然艰巨，用人开挖，咱们可以让绝大多数民工 11 月底休整，留下几百名青壮年劳力，饭尽吃、活尽干，啃下这块硬骨头，将来形势好了，再大批上人分段修渠，大家看这样行不行？”

经过深入讨论，绝大多数县委领导同志赞成杨贵的思路，最后会议决定留下少量的精干力量继续开凿咽喉工程青年洞和看护已修成的渠道，其他人于 11 月底全部回家休整，开展生产自救。

这是一个关键性的决策，为红旗渠建设延续了火种。但对杨贵等人而言，却无疑是把自己置于一个随时可能爆发的火山口。一边是 55 万林县人民的殷殷期盼，一边是显而易见的个人政治风险，作为红旗渠建设的组织者、指挥者、决策者，杨贵坚定地选择了实事求是，站在了人民利益这边，选择了把红旗渠建设任务扛在了肩上，把其他的一切抛在脑后。在他的身后，还有许许多多目光坚毅的战友们。

世上有敢于担当、勇于做事的人，自然也不乏心存异念、掣肘拆台的人。不久之后，果然有人歪曲事实、从中作梗，背地里说杨贵暗中违抗中央命令，不顾群众死活，逼着群众饿着肚子修渠，差一点儿导致杨贵等人被撤职查办、红旗渠黯然下马。

1961 年 7 月初，时任中共中央政治局委员、国务院副总理谭震林在河南省新乡县七里营公社蹲点，其间参加了新乡地委在豫北宾馆召开的纠正“左”倾错误的会议。有人趁机向他反映说林县群众没有饭吃，把树皮都剥光了，县委只为高举红旗不顾广大群众死活，还在大搞红旗渠建设。谭震林听后误以为林县不听中央指示，“左”倾情况严重，于是在会上点名批评了杨贵。在随后的小组讨论中，时任林县县委组织部部长路加林认为领导同志会上对林县的批评并不符合林县实际情况，直言作了一些辩解。谭震林听说此事后误认为路加林思想上有问题，是不认识错误、不让人说话，违犯了不戴帽子、不揪辫子、不打棍子的“三不主义”原则。会议很快宣布了对路加林的撤职处分，并通知各县县委书记前来报到，第二天召开地委委员扩大会议。

当时会场气氛异常紧张，匆匆赶来的杨贵甚至做好了被撤职的思想准备。等到他发言时索性放开胆子敞开心扉，在肯定当前纠“左”的正确性和必要性的同时，也指出了看待农村出现的问题应该实事求是，具体问题具体分析。他详细汇报了林县的真实情况，强调了林县长期存在的干旱缺水、每天有16万人翻山越岭取水吃的现状，说清楚了现在大部分修渠群众已经下山，只留下极少数人继续开凿隧洞的事实。他特别强调林县的县、社、队三级还有一定数量的储备粮，绝不是有些人反映的没有饭吃，加紧修渠并不是为个人捞政绩，正是为了让干渴的群众早日能够有水喝着想。他不顾个人政治风险，旗帜鲜明地提出了3条意见建议：第一，路加林的意见是对的，如果把实事求是讲真话的人说成是违反“三不主义”而撤销职务，才真的是违反“三不主义”；第二，不同意撤销路加林的职务，如果修建红旗渠是错误的，责任在自己，由自己承担；第三，请地委将自己的意见报告省委和党中央。

杨贵的大胆发言深深打动了在场的人，但很多人也暗暗在手心里为他捏了一把汗。

会上谭震林副总理认真听取了杨贵的发言，既没有发火也没有批评，会后悄悄地向林县派出了一支调查组。调查组经过深入调查，最后认定林县县委反映的情况属实，县、社、队三级实打实储备了3000万斤粮食。杨贵没有因为此事受到任何影响，路加林也很快官复原职。正是通过此事，谭震林副总理对红旗渠建设和林县县委有了更深入的了解，日后多次给予红旗渠建设大力支持，充分体现了老一辈无产阶级革命家坦荡无私、务实为民的宽广胸怀。

别的地方都饿着肚子，林县的3000万斤储备粮到底从哪里来的？

坦白地讲，这批粮食来之不易，是杨贵等县委班子在1958年顶着“浮夸风”，冒着政治风险，硬着头皮为林县人民想方设法争取下来的保命粮。杨贵在一次接受专访时详细回忆了当时的情形：“1958年‘大跃进’，各地的浮夸风非常厉害。那年，林县小麦丰收，亩产114斤。我到地区汇报工作，是第一个发言的。个别领导听到我的数字，很不屑地说，你们林县就是躺着不干，麦子产量也不应该这么低。他还问，你是按干小麦计算的，还是按照湿小麦计算的？你得加上‘水分’。我说，湿小麦比干小麦有分量，但我真不知道该怎么来计算这个‘水分’。一边有人讲，就算 10% 的‘水分’吧。我说，加 11 斤‘水分’，林县小麦单产就是 125 斤。在我后面发言的，就说自己县里边的小麦亩产 400 斤、500 斤的。也有谎称亩产 1000 斤的。可是，后面事情就来了，上级收‘征购粮’，那个县亩产 1000 斤，就上交 500 斤，留 500 斤也够吃了。那个县亩产根本没有达到 500 斤，但要交足 500 斤，还要担上‘自留’了 500 斤口粮的虚名。1958 年很风光的那些地方，在后来的困难时期基本都垮了。”

杨贵的这番回忆深刻揭示出了当年的林县为什么能够安然度过三年困难时期，甚至还有余力上马建设红旗渠的原因。那些在“大跃进”中“风光一时”的地方，最后都为当初没有坚持实事求是、“随风倒”付出了沉重代价。那些“面子”上的一时光鲜，导致的是“里子”的伤筋动骨，损害的是人民群众的生命财产安全。这个代价无疑是惨烈的，是任何东西都无法弥补的。在这一点上，林县人民必须永远铭记杨贵等人当年的担当和勇气。

林县后来发扬风格，从自己辛辛苦苦积攒的储备粮中拿出 1000 万斤支援其他受灾严重的兄弟县市，受到了省委领导的高度赞扬。当然省委也没有忘记林县在关键时刻做出的巨大贡献，在总干渠第二期工程即将竣工之际，专门拨付 200 万元用于支持红旗渠建设，1963 年还特别支援了 20 辆汽车。

豫北宾馆会议最后有惊无险，红旗渠也避免了中途夭折，但对杨贵等人而言却是经历了一场凶险无比的考验。人们都知道他们最终经受住了考验，但在当年“政治挂帅”的特殊氛围下，其中的凶险和压力后人可能永远无从体会。“上级指示行不通的，打个招呼，顶回来，才是真正对革命负责。党的根本宗旨是为人民服务，对人民负责。”[①] 在事关红旗渠生死存亡的关键时刻，杨贵等人没有退缩，没有犹豫，不留退路，

① 中共中央文献研究室：《毛泽东年谱》（1893 —1949）（修订本）中卷，中央文献出版社 2013 年版，第 572 —573 页。

坚持实事求是，坚定地选择了群众利益，选择了共产党员的使命担当，为红旗渠建设赢得了宝贵的发展空间。

所有林县人都应该牢记杨贵和路加林的这次大胆直言，牢记他们顶着压力为红旗渠据理力争赢得的一线生机。同时也要特别感谢谭震林副总理，他以老一辈革命家无比宽广的胸怀，理解了林县县委的做法，支持了红旗渠建设，给予了林县人民改变命运的机会。在特殊的年代，很多时候政治上的支持比经济上的支持更重要，敢冒风险给予别人支持的人其实也承受着很大压力。他们不为人知的付出和支持不应该被历史忘记。

处于风暴眼中的青年洞，全然不知曾经有过这样的生存危机。开凿之初，它就被赋予了一种别样的精神气质。1960 年 3 月 4 日，红旗渠总指挥部郑重地把凿通狼牙山隧洞的任务交给了工地团委，横水公社 320 名青年最后担负起了这项艰巨任务。青年们勇敢地站到了太行山巅，在极端艰苦的条件下，在岁月的悠长里，一锤一钎凿洞不止。“百日休整”后，这些青年按照要求回家休整，接替者是从修渠群众中精挑细选出的 300 名青年突击队员。由于隧洞前后由 620 名青年接力凿通，因此被光荣地命名为“青年洞”。如今青年洞已经成为红旗渠景区最具标志性的风景名胜，每天敞开怀抱欢迎四海宾朋。

青年洞全长 616 米，经过券砌洞脸后为 623 米，高 5 米，底部宽 6.2 米，有 5 个旁洞。纵坡比 1/1500，设计流水量 23 立方米 / 秒。共挖砌土石 19800 立方米，投工 13 万个，用款 20.3 万元。单调的数字只能大略勾勒一个物理意义上的轮廓，根本无法描述青年洞的“险”与“难”。唯有亲自登临渠岸，上下放眼，左右顾盼，才能真正理解“洞中岁月”的艰辛，真正聆听到它的灵魂。

青年洞位于任村公社（镇）西北部的卢家拐村西，是红旗渠的咽喉工程，也是总干渠上最长的引水隧洞，当然也是整个红旗渠上最艰巨的工程。隧洞从狼牙山中穿过，一边是万丈深渊，一边是悬崖峭壁，中间

青年洞全长 616 米，经过券砌洞脸后为 623 米，高 5 米，底部宽 6.2 米，有 5 个旁洞。纵坡比 1/1500，设计流水量 23 立方米 / 秒。由于隧洞前后由 620 名青年接力凿通，因此被光荣地命名为“青年洞”。（拍摄 / 李俊生）

凿穿坚硬的石英岩，施工难度非常大。全长616米的隧洞，几百名青年日夜不停地苦干，整整耗费了一年零五个月的光阴才得以凿通，真可谓艰难困苦、玉汝于成。

万事开头难，青年们更不怕难。他们用长木杆支起炸药包顶住石壁，硬是在鸟兽罕至的峭壁上炸出了一条梯形小道。他们腰系大绳从崖上降到半空，悬空抡锤打钎放炮，在坚硬的崖壁上挖出了炮洞，再将炮洞不断地扩大为旁洞，深入山体内展开多面同时施工。隧洞里岩石异常坚硬，他们以超乎常人的毅力体力全力开山凿洞，想尽一切办法加紧掘进。

在悬崖峭壁上与坚硬的岩石作长期斗争绝不轻松，但青年们在山中风餐露宿却总能够保持以苦为乐的热情。有的说："抢晴天，战阴天，小风小雪是好天，汽灯底下是白天，争取一天当两天。"有的说："撕片云彩，擦擦汗；凑近太阳，点支烟。"面对食物短缺，他们上山挖野菜、下河捞水草，想尽一切办法把能吃的东西转化为身体的能量，然后一次次地钻进洞里与坚硬的石英岩较力。很多青年由于营养不良、过度劳累得了浮肿病，但仍然以愚公移山的精神终日凿洞不止，一点点地接近成功。

有一张女青年突击队员的合影让我记忆深刻，打动我的是她们圆润的脸庞上灿烂无比的笑容。脸庞的圆润并不是青春的丰腴，而是长期又累又饿导致的浮肿。每当我想起她们脸上发自内心的灿烂笑容，忍不住内心上下翻腾：这是世上最真诚的笑容，也是人间最无敌的青春。我忍着悄然涌出的泪水，默默地向她们致以一个后辈最真诚的敬意。

狼牙山属于石英岩山体，质地异常坚硬，锤子砸上去纹丝不动，钢钎凿上去一个白点。好不容易从外地借来1部风钻机，钻了30厘米就用废了40个钻头。粗略一算，平均每前进1米就要用坏88根钢钎、133个钻头，这里的石头之坚硬令人难以置信。在狭窄逼仄的空间里，大家一锤一钎地掘进，每天只能前进三四十厘米。为了加快工程进度和

青年们在深山石崖下风餐露宿，依稀可见他们在石崖上留下的文字。任何艰难困苦都打不倒满怀热情的奋斗者。（拍摄 / 魏德忠）

便于通风，青年们在隧洞外壁开凿了五个旁洞，将整个青年洞分成六段，每个旁洞里进行双面施工，可以实现 12 个工作面同时开工，大大提高了工作效率。为了提高洞内掘进效率，青年们在实践中大胆创新，先后创造出了“三角炮”“瓦缸窑炮”“连环炮”“立切炮”“抬炮”等爆破新技术，使每个工作面的日进度由 0.3 米迅速提高到了 2.8 米。

郭福贵是第二突击队队长，当时负责主攻开辟二号旁洞。他带领两名青年炮手腰系大绳从山顶下崭，像壁虎一样贴在悬崖上抡锤打钎放炮。下面就是数百米深的悬崖，初涉险境的青年不免有些害怕。郭福贵当过兵，知道年轻人心里恐惧，就大声鼓励他们：为了修成红旗渠，即使牺牲在这里，比泰山还重，等凿通洞，大渠建成通水了，咱们在这里树碑立传，让后代知道他的前辈们都是英雄好汉。他的话激励着自己，也激励着身边的每一个人。郭福贵在工地上七次负伤，每次都轻伤不下火线，始终忘我地凿洞，后来被评选为红旗渠建设特等劳动模范。

青年们发扬蚂蚁啃骨头的精神，日夜不停地凿洞，隧洞就这样一点点被掘进，一段段被贯通。经过了 500 多个日夜的攻坚，青年们终于在 1961 年 7 月 15 日凿通了狼牙山隧洞，打通了红旗渠二期工程的重要咽喉。青年洞的成功贯通，意味着距离总干渠胜利通水的日子越来越近。

“劈开太行山，漳河穿山来，林县人民多壮志，誓把河山重安排。心中升起红太阳，千军万马战太行，毛泽东思想来统帅，定叫山河换新装……”如果你有机会来到青年洞参观，一定会听到这首当年流传甚广的歌曲，并对其豪迈的歌词和独特的旋律留下深刻印象。这是纪录片《红旗渠》的主题曲，名叫《定叫山河换新装》，极具时代气质。三四十岁的中青年可能没有看过这部纪录片，但 60 岁以上的人大多对其不陌生，听到这首歌曲后，一定会梦回当年，唤醒自己火红的青春。

参观青年洞景区，一定要看一看现场的实景表演。在荡气回肠的歌声中，一个青年腰系大绳，从悬崖顶上直降到半空，突然双脚一蹬崖壁，身子旋即远远地荡了出去，身子一缩，又轻轻地悠回到崖壁前。看着他在半空中左右腾挪、上下翻飞，观众的心也随着他的身影忽上忽下、时紧时松，一直悬在半空，直到他慢慢地降到地面才稍稍平静。这就是红旗渠景区最具标志性的凌空除险表演。表演者是当年的“飞虎神鹰”任羊成亲手调教出来的技艺传承人。

突然间渠岸上传来叮叮当当的声音。只见一名“铁姑娘”蹲在地上，双手各持一个钢钎置于大石之上，周围四名“铁姑娘”分成两组，各抡一柄大锤轮流击打钢钎。四个大锤高高扬起，像无形的丝线牵扯着观众的目光，每个人心里提心吊胆，生怕大锤砸到持钢钎的“铁姑娘”的双手上。等到看清楚大锤每次都能准确无误地击中钢钎，耳中不断传来富有节奏感的清脆响声，大家悬着的一颗心才算稍稍放下。这个表演项目叫“凤凰双展翅”，对打锤和扶钎的技术要求很高，也极具观赏性，当年就是红旗渠工地上一道亮丽的风景。如果没有去过红旗渠景区参观，也可以在网上浏览到当年“凤凰双展翅”的黑白照片。相信你在看这张照片的时候，手心里会捏着一把汗，暗暗地为每一个人担心。

虽然实景表演只是一种形式上的场景再现，比不得当年的真实情景，但我们还是可以脑补出当年战天斗地的劳动场面。如果要用一个词来定义上述场景的风格，我想，唯有“力与美”才是最贴切的形容。

我曾经多次登临青年洞，每一次灵魂深处都经受了难以言喻的震撼和洗礼。每次来到山下，我都会忍不住仰望山腰上隐伏于密林深处的大渠，胸中油然升腾起深深敬意。每当我伏下身子用手触摸渠岸，那一方方渠石整整齐齐、紧紧相依，让我禁不住屏住了呼吸。当我站在坚实的渠岸上，凝视着静静的渠水悄然远去，忍不住发自内心的欣喜。当我手抚护栏低头看那渠水轻拍对面山体，抬眼上移是令人窒息的危崖怪石，仍不免倒吸一口凉气，进而由衷地叹服当年修渠之不易。每次来到这里，我都会站在青年洞前放眼远眺，看那山下的浊漳河遥遥东去，看那远山近景的葱茏，品味人们引水上山的智慧。

漫步在蜿蜒的渠岸上，每隔一段就会有个嵌于渠岸的小石碑，上

这一“凤凰双展翅”的经典场景，展现了当年林县人民不分男女，战天斗地的劳动场面。（拍摄 / 魏德忠）

面模糊可辨刻有“×× 公社 ×× 大队承建”的字样。这是红旗渠特有的“责任碑”，上面刻的是建设者的名字，既记载建设者的功绩，也界定责任义务。如果 30 年内某段渠道出了问题，当初谁修建的负责重修。如今 60 年已过，这种情况似乎从来没有发生过。小小的“责任碑”，既是军功章，也是承诺书。林县人生性犟，当年冒着生命危险为自己修大渠，又岂能随意往自己脸上抹黑？我想，这可能就是红旗渠不朽的秘密。

如果你是一位有心人，在渠岸上驻足片刻就会发现一个特殊现象，渠里的水没有明显流动，不起一丝波澜，也不带一点儿声响。有一次，我正在青年洞景区虎口崖下仰望头顶上突兀的石崖，身后突然传来了一名游客有些不解的声音：这水流得这么缓慢，当年的人怎么没有想到把渠道设计得再陡一点儿，让水流得快一点儿。

闻听此言我微微一笑。初识红旗渠的人们可能并不清楚，红旗渠真正的魅力不在其他，就在这缓缓的水流里。这是一种与大江大河、海洋瀑布的恣意奔流完全不同的力量。渠水之所以流速缓慢，并不是当年建设者的失误，而恰恰彰显了建设者的智慧和伟大。

应该指出的是，红旗渠是一条“人工天河”，是不借助任何外力完全依靠重力作用实现自流灌溉的水利工程。为了能够引水灌溉全县大部分土地，渠水必须越过县境北部的坟头岭（分水岭），这样才能让渠水依靠重力作用自然地流向全县各个地方，最大限度地提高灌溉功效。要顺利达到这一目的，引水点的海拔高出坟头岭（分水岭）越多，就越有利于修渠引水成功。如果单从引水成功率的角度考虑，理想的引水点应该是比现在的渠首位置更远一点儿、海拔更高一些的上游，但这势必会增加渠道长度，占用更多山西土地，影响当地群众的生产生活。山西省委综合考虑各种因素，最终确定红旗渠从最近的侯壁断下引水，也是为了减少对沿线地方的影响，但这样也意味着大大增加了总干渠的施工难度。

总干渠从渠首到坟头岭（分水岭）止，全长70.6公里，引水点海拔465米，仅仅高出坟头岭15米。15米的落差一点点地释放在70.6公里蜿蜒盘旋的渠道上，坡降比只有1/8000。这意味着渠道每前进8公里，落差不能超过1米，否则水就引不到坟头岭，即使勉强成渠也注定是一条废渠。总干渠山西段修建在陡峭的山腰上，比不得平地上施工那么从容，对渠线测量和施工精度要求也更加严苛。总干渠修成后，从渠首引水口到坟头岭实测落差只有14.7米。30厘米放在其他地方可能毫不起眼，但对于红旗渠而言却关乎成败生死。假设总干渠成渠后实测落差比15米哪怕多出1厘米，那真的就是“失之毫厘，谬以千里”。每每想到这一点，我都不免倒吸一口凉气。

红旗渠是在半山腰上劈山造渠，修渠人也没有什么先进的测量仪器，只有诸如“水鸭子”等简陋工具。要达到相当高的精度，更多是靠着施工者高度的细心、耐心和责任心。在如此艰苦的条件下能够引水成功，难道不是一个奇迹？当年杨贵等人整天为此战战兢兢、如履薄冰，总是担心渠成水不成，甚至有“如果渠成引不来水就从太行山上跳下去”的悲慨。后人如果能够认识到渠水静静流淌背后人们所付出的艰辛努力，肯定会心生敬畏。

在我的眼里，红旗渠并不为取悦别人而生，而是以其独有的倔强，去静静地完成输送幸福活水的使命。正所谓大音希声、大象无形，有时候平静中所蕴含的力量，才是世间最强大的力量。

静静地站在渠上，我的思绪随风荡漾，荡向了远方。这一刻，青山不语，大地低伏，我却仿佛看到了漫山遍野的红旗迎风招展，听到了千万声呐喊响彻寰宇，脑海里不断地闪现着一些问题：为什么这一奇迹会发生在这里？是什么让原本沉默的山民迸发出重新安排山河的豪气？又是谁使了什么手段，让滔滔的浊漳河水乖乖听话，一面山上流淌，一面山下东去？

我想，答案就在这朴实无华的大渠里，就在当年修渠人挥汗如雨的奋斗里。红旗渠上的每一块渠石，无论是大是小、是红是青、是里是外、是上是下，都是那么规矩平整，那么错落有序，那么紧紧相依。它们分散开来不过是一块块再普通不过的乱石，但被有目的地加工和整合后，就成为一条巍然屹立的长渠。在人们的精心设计下，它们目标高度统一，都在以自己的方式尽一份绵薄之力。当年那些常年鏖战在太行山腰的人又何尝不是如此？有人把修渠人比作基石，我觉得再也没有比这更贴切的比喻。山硬，水硬，人更硬，才能硬生生地在高山上创造出奇迹。正是这些平凡而伟大的修渠人，在党组织的领导下，用勤劳的双手，化梦想为神奇，用有限的生命筑成了千里长渠，同时也为后人铺就了通向幸福生活的大道通衢。

在红旗渠纪念馆里，我凝视最多的是一面墙壁，上面端端正正地镌刻着每一位为了修渠而牺牲的人的名字。在红旗渠建设过程中，81 名修渠人倒在了工地，其中最大的 60 岁，最小的只有 17 岁。他们把生命永远定格在那个激情燃烧的岁月里，同时也把生命中最美好的瞬间留给了红旗渠。他们没有等到鲜花掌声，没能享受渠水的福利，唯其如此，我们更应该永远把他们一个一个牢记。因为每一个奋斗者，都不能缺席。

还有许许多多的劳模不能被忘记。他们是所有修渠人用选票一个个投出来的代表，他们的身上凝结了所有修渠人的希望，迸发的是所有修渠人不懈奋斗的气息。我们致敬劳模，就是致敬修渠人这个群体。因为每一位劳模的背后，都是一个有血有肉的集体，都是一群努力追梦圆梦的活生生的人。

我暗暗产生了一个想法，如果以后有可能的话，我想把所有劳模的奖状复制出来，让他们 60 年后像当年在通水典礼上一样重新聚首，一个挨着一个，挂满一面长长的墙壁，像一张张憨厚、质朴、灿烂的笑脸，向人们诉说他们一生的荣耀。一张张奖状看起来既单薄又简陋，却凝结着沉甸甸的汗水，承载着艰苦奋斗的岁月。对于每一位红旗渠劳模而言，这是他们生命中至高无上的荣耀，他们平凡的生命就是因为红旗渠而灿烂夺目。

对于一个时代而言，每个人不过是一片叶子。但对每一片叶子而言，生命却是如此地具体生动，能够从不同的角度折射出时代的光芒。我们要了解一个时代，首先要关注每一个活生生的人，尤其是那些脱颖而出的佼佼者。因为时代在他们身上留下了太多烙印，他们的努力奋斗也给时代增添了生动的纹理。从某种意义上讲，他们的一生，其实就是时代本身。任何宏大的叙事，如果没有生动的细节描写，不关注具体事件和个体命运，注定会毫无生气、空洞无力，当然也很难有什么深入人心的启示。《史记》不厌其烦地记录王侯将相的事迹，《资治通鉴》详加分析一个个事件和重要人物，其价值也正在于此。同理，任何伟大的精神如果不关注其产生的背景过程，不具体入微进行剖析，很容易流于苍白说教而难以入脑入心。只有对孕育精神的时代土壤和社会运行过程有足够了解，才有可能学深悟透弄懂精神。思想上有升华，行动上才会有指引。从这个意义上讲，学习红旗渠精神，首先要了解红旗渠，了解它的时代背景、现实条件、建设过程，特别是要了解创造它的修渠人的心与行。

红旗渠通水多年，几乎没有出现过一次质量问题，对于主要使用石灰作黏合剂的砌石建筑而言，能够取得这样的成绩实属不易。有一位特等劳模的名字就与红旗渠的质量紧紧地联系在一起。他就是“农民水利土专家”路银，一个当年家喻户晓的名字。

路银，1910 年出生于林县合涧公社东郭家园村，1947 年加入中国共产党。他从小跟着父亲学了一身石匠手艺，很早就外出谋生，曾经在兰州铁路局工作。1957 年英雄渠复工建设时，工地负责人邀请他来工地指导施工，此后就再也没有离开林县的水利建设事业。

在红旗渠建设中，路银担任合涧公社分指挥部施工员，主要负责渠道测量和施工管理。他文化水平不高，但心灵手巧，喜欢钻研技术，对待工作特别认真负责，尤其对质量要求近乎苛刻，很快就成为远近闻名的"土专家"。

他接受总干渠皇后沟大渡槽施工任务后，为了解决专业水平仪缺乏的问题，自己土法上马改造出一种名叫"水鸭子"的简易水平仪。"水鸭子"是传统建筑领域测量地平的简易工具，工作原理非常简单。在一个洗脸盆中盛上半盆水，倒着放上一个四条腿"板凳"，两边用棍子稍稍固定位置，"板凳"的每两条腿上横着平行缠上两条细线。当两条细线和要测定的点形成三点一线时，就能够简易便捷地测定出水平是否准确。

据当年参加过修渠的人介绍，"水鸭子"在 25 米的测距内使用有效，如果测距过长则会影响精度。为了保证测量精度，人们就分段测量，不厌其烦地在渠线上跑来跑去、反复测量。"水鸭子"虽然貌不惊人，但制作简单、易学好用，在缺少先进测绘仪器的红旗渠工地上发挥了重要作用。如今在青年洞景区的渠岸上，就有一个路银弓着腰使用"水鸭子"测量地平的雕塑，好奇的游客都要驻足看个究竟。

修建红旗渠二干渠时，路银负责焦家屯渡槽施工。他拿着图纸到工地实地查看一番后就发现了问题。原设计方案直接把渡槽建在焦家屯水库坝基上，一旦大坝出现沉降，渡槽就会报废。他提出绕水库建明渠、在水库上游修建小渡槽的新方案，这样既省工省料，还能保证渡槽坚固，很快就被总指挥部采纳。在搭建渡槽拱胎时，他建议采取农村盖房子的土办法，以渡槽腿为支柱，三梁起架作拱胎，很快又得到了上级支持。为了确保施工万无一失，他亲自搭建拱胎模型做实验，直到认为足够坚固牢靠后才组织施工。他对渠道的垒砌质量要求非常严格，每天认真检查石块间浆灌情况和水泥勾缝情况。如果浆灌不够，达不到严丝合缝，勾缝不达标，他就要求施工人员立即返工重做。

由于测量和施工技艺高超，路银被人们亲切地誉为"农民水利土专家"。在红旗渠工地上，像路银这样的技术员很多，数百公里的渠线就是这些"土专家"用"水鸭子"、麻绳、皮尺一点点地实测出来的。他

修渠工地上，路银正认真地测量渠线，为红旗渠质量保驾护航。他的墓碑上别无他字，端端正正地刻着“路银 红旗渠特等劳模”九个大字。（拍摄/魏德忠）

们就是红旗渠上的“工程师”。正是有了这些视质量为生命的“路银”们，才保证了千里长渠半个世纪以来的安然运行。他们没有什么惊天动地的故事，却时刻闪耀着劳动人民勤劳智慧的光芒。在1965年、1966年红旗渠总干渠和三条干渠竣工通水典礼上，路银被授予红旗渠建设模范和特等模范，成为红旗渠质量的代言人。

路银为红旗渠默默奉献了一生，临终前特意嘱咐子女把他安葬在红旗渠畔。他的墓碑上别无他字，端端正正地刻着“路银 红旗渠特等劳模”九个大字。“红旗渠特等劳模”是路银一生中最珍视的身份，他以参与建设红旗渠为荣，红旗渠就是他的命，他要永远守护着红旗渠。

与路银等技术员群体始终在默默工作截然不同，有一个群体注定是在轰轰烈烈中建功。在红旗渠的宣传照片中，有一张照片特别引人瞩目：一个人头戴柳条编的安全帽，肩扛一盘大绳，手里握着钢钎，即将登上崖顶。他叫常根虎，红旗渠工地上鼎鼎大名的“神炮手”。

常根虎，1933年出生于姚村公社寨底村，是红旗渠特等模范，人送外号“神炮手”。

他最早是在南谷洞水库工地上担任炮手，每天都是开山采石，练就了一手出色的爆破技术。红旗渠总干渠在山腰上施工，整个渠线全部要用炮炸开，对爆破技术要求更高。常根虎特别喜欢钻研，往往白天在现场搞爆破，晚上就和大家聚在一起总结爆破经验，研究爆破原理。经过刻苦钻研，他熟练地掌握了各种爆破技能，能够灵活地应用小炮、大炮、拐弯炮、平炮、斜炮等爆破技术。他在实践中练就了独有的“绝活”：需要多大的料石，一炮下来石头就有多大；想叫石头往哪个方向落，绝不会乱跑到其他地方；如果不想让石碴乱飞，炮响过后保证没有石碴飞起。他艺高人胆大，哪里出现了哑炮、瞎炮，总是一马当先去排除，从来没有畏惧退缩过。

修建白家庄空心坝时需要大量料石，常根虎和任羊成强强联手，一起登上附近山头查勘，决定利用一个天然石洞改造成炮位，分成两班从南北两崭同时打炮眼。20 天后炮位凿成，任羊成指挥装药，常根虎亲自点炮，一炮崩下了半架山，炸出的石料高达 1.1 万立方米。这些石料除了修建空心坝外还有富余，多年后当地群众还用来建房修路。常根虎这次凌空点炮的身影完整地留在了纪录片《红旗渠》里，成为整个电影中最具画面感和震撼力的精彩片段。

常在河边走，哪有不湿鞋？常根虎自然也遇到过无数次危险。有一次他下崭作业，系在身上的大绳突然断裂，身体猛地向下跌落，幸亏及时抓住旁边的护绳才止住了下坠。等队友把新的大绳放下去后，他用嘴咬着护绳重新用大绳系牢身体，然后就像什么事情也没发生一样，继续在崖上抡锤打洞，丝毫没有在意自己已经多处受伤。

红旗渠二干渠动工后，"神炮手"负责全线工地的凿洞任务。他在实践中摸索出一种口子小、肚子大的"瓦缸窑"爆破法，把原来日进度 0.8 米一下子提高到了 3 米，大大加快了凿洞进度。

不过，最"神"的一次却是在一干渠工地。

一干渠经过一个小村庄，渠线三米开外就是老百姓的住房。如果按常规放炮炸开渠线，近在咫尺的房子肯定会被殃及。但是不放炮只靠人工挖掘的话，工期势必会大大延误。正当分指挥长郭百锁百般犯愁之际，常根虎来到了工地。他实地仔细察看一番后，信心十足地保证放炮不会出问题。郭百锁半信半疑，看着他和炮手们认真地选炮位、打炮眼、填炸药、封炮口，最后点燃炮捻躲起来。20 分钟过去了，郭百锁既没听见隆隆炮响，也没看见有硝烟腾起，正疑惑不解之时，看见常根虎慢慢悠悠地向炮位处走去，急忙跑过去问个究竟。他一问才知道炮早就响过，只是声音太小没有引起注意。几个人过去一看，只见一段 6 米宽、4 米深、10 多米长的山坡被整个掀了起来，而 3 米开外的房子却毫发无损，地面上连一道缝也没有。这一炮响后，"神炮手"的名头越发响亮，事迹也传得更加神乎其神。

垒砌千里长渠需要大量石块和水泥，水泥是紧俏物资，工地即使是

在石料紧缺的情况下，劳动者们决定炸山取石。（拍摄 / 魏德忠）

有钱也买不到，当地也无技术能力自己制造，只能用石灰、黏土和细沙制成“三合土”代替水泥作黏合剂垒筑渠岸。石块可以就地取材，石灰却必须专门烧制。传统的石灰窑产量低，每窑最多能烧二三十吨，成本也较高，根本无法满足修渠所需。再加上工地都在半山腰，石灰从窑厂远远运输过来，还需要人们车载肩扛运上山去，不仅费工费时还特别费力。人们于是想起了修建英雄渠时使用的“明窑堆石烧灰法”。这种方法具有自定规模、就地取材、就地烧制、随用随烧等特点，既能够保证工程需要，还可以缩短运输距离，烧制成本也比石窑要低。

简单地说，“明窑堆石烧灰法”就是将一层青石一层煤饼层层垒起，外面用泥封闭，上面留洞通风，下面用柴火点燃，一两天后就会烧成。烧石灰是一门技术活，方法看起来简单，但实际操作中对技术要求很高，往往是同样的条件，不同的人烧制会有不同的效果。红旗渠工地上烧石灰的好手众多，大家争相竞技、各显其能，其中最有名的就是范景库。

范景库，1903 年出生于姚村公社北杨家庄村。红旗渠开工伊始，他就来到红旗渠工地。此前他有丰富的烧石灰经验，当看到工地上遇到石灰供应不足的瓶颈时，就勇敢地站了出来。经过多次大胆摸索，他在前人基础上有效改进了“明窑堆石烧灰法”，迅速提高了出石灰量，一次可烧几百吨，最多可达 2000 吨，有效保障了工地上的石灰需求。人们对他高超的烧石灰技术交口称赞，亲切地称他是“烧石灰能手”。

工地上会烧石灰的人不少，但不怕烟熏、敢于站在窑顶上作业的据说只有范景库一人。有一次窑底突然发生坍塌，正在窑顶上作业的范景库旋即落进了火坑，衣服、头发、眉毛都被烧着了。大伙急忙把他抢出了火堆，让他靠着一棵大树休息一下，纷纷劝他不要再上去干活了，他却硬气地回答：“没关系，只要没烧死，就要继续干。”范景库一语道出了修渠人的心声，豁出命来也要修渠，当时的人们就是这样的想法、这样的精神。从红旗渠开工到支渠配套结束，范景库辗转各个工地烧了将近十年的石灰，为红旗渠建设做出了巨大贡献。1966 年红旗渠三条干渠竣工通水典礼时，他被评为红旗渠建设甲等劳动模范。

面对持续不断的干旱，干部群众要求加紧修渠的呼声越来越高。1961 年 6 月 9 日，林县县委、县人委发出《关于红旗渠续建工程秋前施工议案的决定》，决定全面恢复修渠工作。此后，工地上的修渠群众很快就增加到了 9000 人。经过艰苦奋战，当年 9 月 30 日总干渠第二期工程顺利竣工。

第三期工程启动在即，杨贵此时却陷入了沉思。总干渠从 1960 年 2 月动工到第二期工程竣工，不到 20 个月的时间里渠道向林县延伸了 29619 米。第三期工程从木家庄到南谷洞水库，渠线全长 23186 米。第四期工程从南谷洞水库到分水岭（坟头岭），渠线全长 17315 米。杨贵反复在心里琢磨，三期、四期加在一起，按部就班修渠至少需要两年才能竣工通水，时间这么长，会不会让老百姓等得太久？

突然，他脑海里灵光一现：南谷洞水库此时已经竣工并成功实现了蓄水，如果打破常规，改变一下施工顺序，隔过第三期工程暂时不修，先修短一点儿的第四期工程，那么就可以引南谷洞水库蓄水流过分水岭，让红旗渠提前实现通水，让久候的群众早点儿受益。如果“隔三修四”可行，既可以提前发挥南谷洞水库的蓄水灌溉功能，缓解部分地区的旱情，还可以破除群众的引水疑虑，起到以水促渠、稳定情绪、激发动力的工作效果，岂不是一举多得？

事不宜迟，杨贵马上找来工地总指挥马有金，将自己的想法和盘托出。马有金认真思索后非常赞同“隔三修四”的思路，立即以最快的速度调整原计划、做出新部署。

1962 年 10 月 15 日，南谷洞渡槽至分水岭之间的渠线（原第四期工程，现第三期工程）胜利竣工，期盼已久的清水提前来到了分水岭。开闸放水的喜讯很快传遍了全县的各个角落，十里八乡的人们蜂拥而至分水岭，都想亲眼看见红旗渠引来的水到底是啥模样。

面对现场欢天喜地的干部群众，杨贵动情地说：“乡亲们！我们现在看到的还不是漳河水，而是南谷洞水库的水。再苦干几年，等红旗渠全部建成了，漳河水可比这水还大得多！”他的讲话极富感染力，立刻燃起了人们加紧修渠的热情。

看到干部群众的冲天热情，杨贵顿时感到肩上的担子更加沉重。会后杨贵语重心长地对马有金说：“下一步冲锋陷阵，还得靠你啊！”这是上级对下属的郑重嘱托，更是战友亲密无间的信任。

“隔三修四”提前发挥南谷洞水库蓄水效益的决策很快就在实践中取得了良好效果。1964 年，林县粮食平均亩产达到 423 斤。全县 15 个公社，有 12 个公社平均亩产在 400 斤以上，特别是提前受益的任村公社，亩产量居然惊人地超过了 500 斤。很难想象几年前杨贵面对上级领导“步步紧逼”时还是勉为其难地上报了亩产 125 斤，现在亩产量竟然翻了两番多，所有人都不敢相信自己的眼睛。事实胜于雄辩，红旗渠的灌溉效果已经在实践中得到了充分验证，以前的所有质疑立时随风吹散。不过为了稳妥起见，林县县委最后还是将正式上报的数字打了一个折扣：平均亩产 410 斤。

尽管如此，这一数字还是在全省引起了轰动，因为林县成为河南省第一个提前 3 年实现《全国农业发展纲要》规定的黄河以北地区亩产 400 斤指标的县，而且还是一个农业条件一般的山区小县。1965 年 5 月 10 日，《河南日报》发表长篇报道《林县提前实现全国农业发展纲要指标》，同时配发《向四、五、八进军》的社论，号召全省向林县学习。此时的红旗渠已经不再仅仅是一面战天斗地的“旗帜”，而且是已经落地开花，变成了实实在在的经济社会效益。

值得注意的是，在红旗渠建设过程中，尽管林县始终坚持自力更生的建渠方针，但也从来没有放弃将红旗渠工程列入国家基本建设项目的努力。1961 年 8 月，红旗渠总指挥部编制《林县红旗渠灌溉工程扩大设计书》上报新乡水利局，希望上级支持将红旗渠灌溉工程列入国家基建项目。在河南省、新乡专署、安阳地区等有关部门的不懈努力和大力支持下，1963 年 12 月 25 日，国家计划委员会委托水利电力部下发了《关于河南省引漳入林灌溉工程续建设计任务书的批复》(〔1963〕水电规计第 472 号文)，标志着红旗渠工程正式列入国家基本建设项目，这也意味着原来靠林县自己建设的红旗渠终于能够得到国家的支持。很快红旗渠建设就获得了上级在技术、物资等各方面的支持，特别是得到了专业水利技术人员的有力支持，使工程质量和建设速度有了可靠保障。

1962 年 10 月 20 日，第四期工程正式拉开帷幕。经过两年多的农业生产恢复，各社队的经济实力有了有效改观，工地上一直保持了 9200 人的规模。修渠群众的生活水平也得到明显改善，每人每天生活补助费由 0.2 元增长到 0.5 元，口粮中的细粮也有所增加。早上吃蒸红薯、喝米汤，中午吃玉米面窝头、面条汤，晚上则是红薯小米稠饭。工地上每隔三天会改善一次生活，中午每人可以吃四两用白面、玉米面混合制作的馍。施工也承包到组，两三个人划分为一个作业组，由分指挥部明确包工定额、验质收工，多劳多得、多得多吃。这一做法简单直接，大大激发了群众的热情，有效提高了施工效果。

这期间发生了一件轰动一时的“擅自动用退赔款”事件，主角就是为了红旗渠勇于牺牲“小我”的路明顺。

1961 年，党中央决定对在“大跃进”运动中平调集体和个人的财产所造成的损失进行赔偿，林县因此获得了来自上级的 400 万元退赔款。县委经过研究，安排县财政局及时对各公社大队和农户如数妥善进行了赔偿，剩余了 300 万元用作县里的损失赔付，统一充作公共积累资金，由县财政设立专项账户，暂存林县人民银行备用。

1962 年上级银行突然下发通知，要求各地尚未发放的退赔款暂停发放。这一突如其来的政策变动对林县的影响很大，意味着暂存于林县人民银行的 300 万元很有可能无法继续使用。当时红旗渠建设正处于关键时期，县里财政资金十分吃紧，工地上也频频告急。眼看着本来准备攒着用于红旗渠建设的资金就要化为乌有，时任中国人民银行林县支行行长路明顺心里十分着急。同时兼任红旗渠后勤指挥部职务的路明顺，主要负责建设资金筹措。正好此时工地上又出现资金紧张，马有金急匆匆地找到路明顺求助，说工地上已经揭不开锅了，请他务必想想办法筹措些资金应急。面对捉襟见肘的红旗渠建设工地，路明顺没有想太多，毅然决定“就是犯错误，也要想办法从国库提出来发出去，支持红旗渠建设”。

路明顺当即建议县委动用这笔钱给红旗渠工地，在得到初步同意后，又马不停蹄赶到安阳地区中心支行，找到支行负责同志，声称退赔款已经发放完毕，只不过没有办正式手续及时转账。支行负责同志鉴于此事已经成为事实，同意补办手续。林县最后顺利地办完了相关手续，钱也陆续拨付到了红旗渠工地，缓解了工地上的资金紧张局面。就这样，路明顺冒着个人违纪的风险，将已成“死票”的退赔款变成了救急的巨款，有力地支援了红旗渠建设。

不过，这件事也给了反对红旗渠建设的人以可乘之机。有人不断向上级举报，说“林县县委违反财经纪律，擅自把大额资金投入市场，违反了财经制度，犯了严重错误”。1962 年 11 月 5 日，上级派来联合调查组，专门调查违规发放“一平二调”退赔款问题。

调查组分头找县委领导谈话，但谈话内容让调查组始料不及。林县县委坚持认为这笔钱是林县的钱，是县里存在银行的，自己有权支配，用在红旗渠建设上并没有错，不需要个人承担责任。如果有错误，应该追究县委责任。

调查组认为，退赔款即使属于林县，也必须经过上级批准才能动用，不经审批擅自动用是绝对不允许的，坚持要严肃处理此事。

被逼急了的县长李贵终于说了实话：“我是县长，要是说算犯错误，错就是我的，要处分，处分我。”“因为我们等着用，要是等上级审批，还不知要等到猴年马月，红旗渠工程等不了。”

县委书记处书记秦太生主动找到调查组说明情况："是我通知路明顺办的手续，责任在我，要处分就处分我。"

县委书记杨贵说："这个主意是我出的，县委也研究过，我们花这笔款没有错，如果有问题我负责。""我是县委书记，是县里的一把手，用钱的事，是我拍的板，跟别人没关系，责任由我一人承担。"

林县县委领导争相揽责的现象完全出乎调查组的意料。他们见多了领导干部之间争功，但类似这样争着往自己身上揽责的情况却十分罕见。

今天的我们已经无法完全还原当时的真实场景，也无法真正了解当时每个人心里的想法，但是一个既合乎情理又符合逻辑的解释应该是，大家都是一心为了红旗渠建设，生怕杨贵一人受处分牵连红旗渠建设夭折。

调查组提出处分分管财贸的县委领导，撤销路明顺的林县支行行长职务，林县县委自始至终并不认同，仍然坚持动用这笔钱用于红旗渠建设合情合理，与路明顺没有关系。如果非要追究责任，就由县委承担。尽管有县委的坚持，后来路明顺还是受到了党内警告处分，被调离银行系统到基层工作。

"文化大革命"中路明顺因为此事屡屡遭受批斗折磨。后来他获得平反，先后担任林县县委副书记、人大常委会主任等领导职务。1978年，路明顺带队到平顺县协调红旗渠用水事宜，路上出了车祸身受重伤。

后来，当调查组将调查报告呈送中央时，主管财贸工作的李先念副总理认为：这不是什么大问题，也不要把它看得过重了。动用这个钱合情合理，只不过有点儿不符合当时的规定。

七年后，中央财政部党的核心领导小组向党中央、毛主席上报了一份报告，终于对此事有了一个最后的定性：河南省林县不顾条条的限制，集中了可能集中的财力物力，大搞群众运动。经过十年奋战，建成1500公里的红旗渠，还兴办了水泥、煤炭、机械、化肥等小型工业。全县农业大翻身，工业蓬勃发展。如果按老规矩，那就办不成。毛泽东主席看后在报告上圈阅。至此，这一纷扰多年的“大案”终于尘埃落定。

杨贵等县委领导都有着敢想敢干、敢作敢当的精神气质，始终本着为人民服务的赤诚之心干事创业。他们尊重上级、服从上级却绝不盲从上级，面对不符合基层实际的指令，哪怕是个人担责也要努力坚持实事求是，尽最大可能去创造条件保护人民群众的利益。在人民群众的利益面前，他们并不在意自己的乌纱帽是否牢靠，而是更在乎如何切实维护群众的利益，更关心如何更好地为人民服务。

我在想，虽然路明顺因为此事受到了影响和冲击，但内心深处一定不会后悔当初的选择。因为修渠是维护林县人民群众根本利益、造福子孙后代的大事，关键时刻必须有人顶上去，即使粉身碎骨也不应有丝毫犹豫。无论在红旗渠工地上，还是在林县大地上，这种为了“大我”牺牲“小我”的精神绝不是个例，而是始终在太行山上默默流淌、处处闪耀。

这时我又想起了抗美援朝战争中牺牲于上甘岭的孙占元、栗振林。两位林县籍的战斗英雄当时在身负重伤的情况下依然坚持英勇杀敌，最后时刻毫不犹豫地拉响手榴弹与敌人同归于尽，这种强悍的斗志和关键时刻敢于牺牲的精神，绝不是一时偶然的闪光，而是渗透到骨子里的倔强在自然绽放。

有了伟大的目标，牺牲就有价值，付出也就有了方向。

山里人性子犟，认准了就要上，哪管它山高水远、千难万险。太行山人的气质禀性，的确“犟”得不一样。正是这种不一样的“犟”，让红旗渠这一“不可能”历经艰险变成了“可能”，最后昂然屹立在太行山上。

1964 年 10 月 30 日，红旗渠总干渠全线竣工。12 月 31 日，总干渠首次试放水成功，浊漳河水终于缓缓地流进了林县盆地。经过试水检验，总干渠质量达标，具备了正式通水条件。

1965年4月5日，红旗渠总干渠正式通水。桀骜不驯的浊漳河水由坚实的渠岸牵引着、护佑着，服服帖帖地流进了林县的山川大地。

红旗渠总干渠从山西省平顺县石城公社（镇）侯壁断下设坝引水，沿浊漳河右岸经石城公社（镇）和王家庄公社（乡）沿途各村进入林县境内。之后，由河口到卢家拐村西穿越青年洞，经木家庄、盘阳等村蜿蜒向南，沿露水河左岸过赵所、阳耳庄、棘针岭、杓铺、石贯、石界等村，在白家庄村西以空心坝穿越浊漳河，过南谷洞十孔渡槽跨过露水河，转向右岸北行，经尖庄村到回山角折向东南，经西坡、南丰、桑耳庄、清沙等村至分水岭，全长70.6公里。这是一条绕山而行、千回百转的水道，其中的甘苦酸甜只有修渠人自己知道。

总干渠多为矩形砌石断面，渠底纵坡1/8000，渠底宽8米。部分绝壁处和渡槽为1/3620，渠底宽6.2米，渠墙高4.3米。设计正常流量20立方米/秒（水深3.6米）。加大流量23立方米/秒（水深4米）。建成后实际最大过水量18.3立方米/秒。隧洞39个，总长3701米，渡槽16个，总长621米，建防洪桥、路桥114座，泄洪闸、节制闸19座，涵洞89座。主要建筑物有渠首引水枢纽工程、青年洞、空心坝、南谷洞渡槽、分水岭分水闸等。

上述五个建筑物都是红旗渠上的代表性建筑，最后全部入选了红旗渠“十大工程”。渠首引水枢纽工程、青年洞前面已有介绍，其余三个工程这里作一下简要介绍。

空心坝是吴祖太等技术人员深入现场设计、正确解决渠水和河水交叉的创新典范。它设计新颖，构思巧妙，施工精良，是红旗渠在创新创造方面的杰出代表，堪称红旗渠上“最具匠心的设计”。

空心坝位于总干渠任村白家庄西露水河的支流浊河上。坝长166米，底宽20.3米，顶宽7米，高6米，坝基埋深1~2米。坝体呈弓形，以增强对上游河水的抗压能力。坝腹中设双孔涵洞，单孔宽3米，高4.5米，洞底纵坡1/1818，总过水能力23立方米/秒。坝下设有消力池，再下为

空心坝坝长166米，底宽20.3米，顶宽7米，高6米，坝基埋深1~2米。坝体呈弓形，以增强对上游河水的抗压能力。坝腹中设双孔涵洞，单孔宽3米，高4.5米，洞底纵坡1/1818，总过水能力23立方米/秒。（提供/周锐常）

干砌大块片石护滩，坝南北各设有高4.4米的导水墙，使洪水聚向河中导入坝外，可通过百年一遇洪水1500立方米/秒。1960年2月动工，中间停工两次，1964年4月5日竣工，由姚村公社和东姚公社修建。

南谷洞渡槽规模宏大、施工精良，可谓是红旗渠上“最具魅力的建筑”，同时也是新中国全国各地大兴水利时所建渡槽中的精品代表。渡槽是跨越河流、道路、谷口等地的架空输水建筑物。南谷洞渡槽位于南谷洞水库下游700米处，横跨露水河，长130米，宽11.42米，高11.4米，另加基础2~3米，单跨9米，石砌拱形结构，拱券厚0.5米，共有10孔，故又称“十孔渡槽”。南谷洞渡槽于1960年2月修建，1961年8月投入使用，由茶店、河顺两个公社修建完成。

总干渠分水闸位于分水岭（坟头岭），是红旗渠上“最具标志性的建筑”。分水闸设于总干渠终点，长6.5米，高12米，宽13.5米。闸房内安装启闭机3台，顶悬郭沫若手书“红旗渠”三个遒劲大字。一干渠分水闸为双孔，二干渠分水闸为单孔，孔宽均为2.5米。分水闸以上是长102米、高10米的防洪矩形明渠，再向上是长346米的分水岭双孔隧洞，单孔宽4米，高4.5米，其高大深邃的气势令人震撼。三干渠分水闸位于一、二干渠分水闸上游560米处的总干渠右侧。1973年在隧洞与分水闸之间建成“红旗渠纪念亭”，字体由中国佛教协会主席、当代书法家赵朴初手书。如今在总干渠分水闸基础上已改扩建为规模宏大的红旗渠纪念馆，作为全国爱国主义教育基地，是参观红旗渠的游客们到访的第一站。宽阔的渠道、深邃的渠底、精美的渠墙，自带一种无以言表的震撼感，给来访者留下了深刻的第一印象。

红旗渠总干渠的建成，实现了林县人民“劈开太行山、漳河穿山来”的梦想，引浊漳河水流进了林县大地。这是整个红旗渠建设过程中历史性的关键节点。

在庆祝红旗渠总干渠通水典礼大会上，杨贵充满激情地正式宣布：“经过五年奋战的红旗渠总干渠，今天正式通水了，这是全县人民群众

南谷洞渡槽位于南谷洞水库下游700米处，横跨露水河，长130米，宽11.42米，高11.4米，另加基础2~3米，单跨9米，石砌拱形结构，拱券厚0.5米，共有10孔，故又称“十孔渡槽”。（提供/周锐常）

的一件大喜事，也是林县历史上的一个奇迹。”

他深情回顾了红旗渠的修建过程，认真分析了总干渠修成的原因，特别强调了吃水不要忘本。他动情地说：“同志们，红旗渠总干渠现在通水了，但我们应当知道，漳河水是来之不易的。当你用红旗渠水浇地的时候，当你用红旗渠水做饭的时候，当你用红旗渠水发电的时候，当你用红旗渠水加工的时候，当你用红旗渠水洗衣服的时候，千万不要忘记中国共产党的领导，千万不要忘记国家的支援，千万不要忘记兄弟县和兄弟单位的帮助，千万不要忘记红旗渠的每一滴水都是干部和民工们的血汗换来的。”他的讲话语重心长、饱含深情，道出了林县人民吃水不忘打井人的共同心声。所有为红旗渠建设付出了心血、给予过支持的组织和个人，林县人民都将世世代代铭记在心。

幸福不会自天而降，它是对奋斗者最好的奖赏。坐而论道无论如何也等不来幸福。正是无数个奋斗者自力更生、艰苦创业、团结协作、无私奉献，才能够在高高的太行山上建成“人工天河”，把浊漳河水引进干渴的大地，让千年的林县浴“水”重生、脱胎换骨、焕发生机。这是一个了不起的新起点。以此为基础，红旗渠的后人们继续艰苦奋斗、追逐梦想、发扬红旗渠精神，在改革开放的大潮中奋发有为、与时俱进，最终推动着贫穷落后的旧林县一步步变成了现代化的新林州。

古人记述不朽功业、颂扬赫赫威名，往往勒石记功、立碑作铭。红旗渠就是中国共产党带领林县人民创造的时代丰碑。这个“碑”不是普通的石碑，而是以太行山作碑体，筑千里长渠为铭文，顶天立地竖立起来的一座巍然屹立的山碑，一座闪耀着奋斗之光的精神之碑。

红旗渠建设者的大手是粗糙的，它能够劈山造渠，创造人间奇迹，也能够点石成“金”，创造出令人叹为观止的建筑精品。（拍摄 / 李俊生）

第六章 再战干渠

红旗渠，长又宽，弯弯曲曲绕行山。数万人民把渠开，漳水流到林县来。又浇地，又发电，农业年年得高产。男女老少哈哈笑，感谢党和毛主席的好领导。

——当地民谣

"脚踢太行让开路，手牵漳河回家乡。"桀骜不驯的浊漳河水终于被人们"牵"来了！

1965 年 4 月 5 日，林县县委、县人委在红旗渠分水岭（坟头岭）隆重召开庆祝红旗渠总干渠通水典礼。四邻八乡的老百姓扶老携幼、呼朋唤友，宛如百鸟朝凤一般云集分水岭，与红旗渠建设者共同见证这一激动人心的时刻。附近村庄的一些行动不便的老人在家里坐不住，就让年轻人用小推车载着自己翻山越岭来看水。

"开闸！"随着杨贵一声高喊，浊漳河水咆哮着冲出闸门奔涌而出，人们喜悦的泪水伴随着欢呼声瞬间放飞。五年来，无数人住山崖、吃水草、蹚冰河、挂悬崖，凿隧洞、炸天险，吃尽了人间苦，受尽了万般累，终于等来了这个激动人心的时刻。这一刻，梦真的圆了，水真的来了，此前所有的付出和辛劳似乎都轻飘飘得不值得被提起，此时的人们除了欢呼雀跃，根本没有别的想法。

红旗渠水是幸福水，因为有了水就会有美好的未来，就会有更多追梦圆梦的机会。创造幸福的过程无疑是无比艰辛的，但幸福到来的时候却排山倒海、猝不及防。最炽热的情感往往只有用最朴素的语言才能充分表达，华丽的辞藻此时根本跟不上情感的猝然迸发。在人头攒动的分水岭典礼现场，数万名兴奋的人们无法用更多的话语来表达内心的激动，所有人只是用尽全力不停地高喊同一个声音："毛主席万岁""毛主席万岁"。

红旗渠总干渠通水典礼上，人头攒动，人声鼎沸，为这激动人心的时刻鼓掌欢呼。（拍摄 / 魏德忠）

这一刻，人们醉了！

漫山遍野的人群中，最突出的当然是刚刚受到大会表彰的74名劳动模范。他们是修渠人的代表，如今就在渠岸上的前排坐定，个个手持奖状，沿着两边的渠岸一字排开，第一时间见证通水时刻，迎来现场群众的阵阵欢呼声。他们是创造奇迹的强者，是默默奋斗的英雄。真正的英雄，就应该受到最高的礼遇。

一位老大娘用绳子系着搪瓷茶缸，颤巍巍地从渠里打水上来，二话不说，“咕咚咕咚”连喝了几大口，沟壑纵横的脸上旋即绽开了舒心的笑容。也许前一刻她还在怀疑眼前的一切是不是梦境，但当水喝到肚子里后就立刻明白这一切都是真的。她的心里是甜的，脸上的泪水是笑的，她知道自己可以回去告诉所有没来现场的人，让他们踏踏实实地把心放到肚子里，缺水的日子再也不会有了。

现场众人皆欢，却也有人独醒。作为红旗渠建设的领头人，杨贵此时并没有为眼前的欢乐场面所陶醉，而是头脑无比清醒，又在谋划下一步工作部署。

数万人鏖战五年，劈开太行山，引来漳河水，只是完成了关键的“引漳入林”，并没有真正解决“引水入田”的问题。如何把渠水顺利地输送到全县各个公社，让辛辛苦苦引来的水汩汩地流进干渴的农田，润泽千家万户，是接下来需要尽快解决的事情。“行百里者半九十”，只有有效解决了“最后一公里”的问题，让水顺利地流进地里，才能算是真正地完成了使命。

在庆祝红旗渠总干渠通水典礼大会上，杨贵代表县委作修渠工作总结讲话。他郑重地对全县人民说：“红旗渠总干渠的修成、通水，是一个大胜利，我们应该高兴，应该庆贺。但我们也要看到，红旗渠通水后，将会给我们带来很多新的问题，甚至有些是想不到的问题，还需要我们继续去解决。”

首先是工程配套问题。总干渠二期工程河口村以下设计渠墙高4.3

千年的夙愿实现了（拍摄／魏德忠）

庆祝红旗渠通水典礼大会会场（提供 / 彭新生）

米，当初为缩短通水时间暂时只完成了 2.5 米，下一步还需要加高加固。承担将渠水输送到全县各公社的三条干渠也需要抓紧完成，支渠、斗渠、农渠等配套工程还需要统筹规划、加快建设。红旗渠全部完工还需要扎扎实实大干几年。

其次是如何浇好地的问题。红旗渠是山地自流灌溉，要浇好地，让渠水乖乖地流进田里，就必须对现有土地统一进行规划平整，高处起土，低处垫高，让农田变得舒缓平整，为自流灌溉创造良好的基础条件。

其三是综合利用问题。红旗渠就像一条大河，能解决浇地、吃水问题，也能利用它进行加工、磨面、碾米、发电，沿途还可以蓄水养鱼、种藕。只有全面规划、综合利用，才能充分发挥渠水的增产潜力。

其四是渠道管理问题。总干渠和三条干渠加起来几百公里，加上未来遍布全县不计其数的支渠、斗渠，红旗渠就像一个巨大的蜘蛛网一样，要织满全县的山头地头，对渠道管理提出了很高要求。

最后是合理用水问题。红旗渠通水后，上、下游之间需要统一协调用水，公社与公社、大队与大队之间也需要协调配合。只有管好用好渠水，有效提高浇地技术和灌溉效益，才能充分发挥水利作用。

上述思考已经是一个深思熟虑的工作思路，为下一步建设好、管理好红旗渠指明了方向。这如同打一场大型战役，鏖战后还远不能庆祝胜利，接下来还会有追击战、收官战，抑或是低烈度、高频率的持久战。总之，幸福不会从天而降，通向幸福的道路也永远没有坦途，只能靠奋斗者不断地去奋斗。要想让渠水顺利地流进全县的田里，有效发挥水利灌溉效益，必须马不停蹄、快马加鞭，尽快建设好三条干渠和大大小小的支渠、斗渠等配套工程。

在总干渠正式竣工前，县委就对三条干渠建设有过一个详细规划。1965 年 2 月，总指挥部抽出劳力，动工修建从分水岭至姚村公社水河村的第一干渠 4.5 公里渠段，3 月 14 日全部修通。随后，姚村公社和城关公社又抽出 1 万名劳力，续建从姚村公社水河村到城关公社大屯村全长

20 公里的临时一干渠。从 4 月开始，县委决定集中力量先修第二干渠，努力实现早通水早受益。1966 年 3 月的统计数字表明，修渠劳力已达 40659 人，其中一干渠 27098 人，二干渠 7471 人，三干渠 6090 人。再加上运输等后勤保障人员约 3 万人，参与修渠的总人数共计 7 万人，占当时受益社队劳力总数的 59%。

实践是检验工作成效的最好工具。从 1965 年 4 月开始一直到 10 月，林县又遇大旱，大小河流断流，水库池塘见底，农业收成锐减，一些村庄又出现了“吃水难”现象。但欣慰的是，总干渠和临时一干渠、二干渠经过的任村、姚村、城关等公社的 17.8 万亩耕地，由于能够得到渠水灌溉，大旱之下反而获得了丰收。有水和无水之间形成了鲜明对比，再次充分证明了红旗渠的价值，也极大地激励了修渠人的斗志。

9 月，县委决定带领广大干部群众再接再厉，全面铺开三条干渠建设，集中力量打一场漂漂亮亮的干渠建设追击战。

目睹浊漳河水哗啦啦地流进了林县大地，马上就要流进田里，很快就要告别靠天吃饭的日子，干部群众不等扬鞭自奋蹄，快马加鞭日夜修渠。大家是越干越想干，越干越能干，越干越会干，千军万马战太行，个个都是英雄好汉，迅速推动着三条干渠向前延伸。

红旗渠工地是一所名副其实的“青山大学”。在长期的建设过程中，不仅培养了干部群众敢想敢干、迎难而上的精神气质，而且培养了众多懂技术、会施工的建筑人才。原先只会种地的农民，经过红旗渠工地上的几年锻炼，不仅掌握了测量技术，还懂得了施工管理，甚至学会了建造设计。据不完全统计，截至总干渠建设完成，在 5 年的时间里，红旗渠工地上有 200 多人学会了测量渠道，2 万多人学成了石匠技工，500 多人成为独当一面的施工能手。他们是建设红旗渠的骨干，也是日后改变林县面貌的中坚。

如果说总干渠建设把林县人民一点点地培养成能工巧匠和施工好手，那么三条干渠的建设则为羽翼渐丰、斗志昂扬的人们提供了一个练兵演武、尽显其能的大好舞台。原来只会种田的粗壮大手，已经能够用石头“绣花”、让建筑说话。

一干渠自分水岭沿林虑山东侧向南，全长39.7公里。分水岭至水河段渠底纵坡比为1/4000，以下为1/5000。渠首段底宽5米，渠深3.5米。黄华以下渠底宽6米，渠深2.7米。桃园渡桥（槽）以下渠底宽4.7米，渠深2.6米。有泄洪闸5座，渡槽21座，总长1020米。涵洞91座，隧洞2个，防洪、路桥105座。主要建筑物有黄华渡槽和桃园渡桥。

二干渠全长47.6公里，有大小闸门138个。渡槽18座，总长1178米。隧洞22个，总长2283米。防洪、路桥26座。分水岭至电站渠底纵坡比为1/1500，以下至夺丰渡槽东泄洪闸为1/1000，再下为1/3000。渠首段渠底宽3.5米，渠墙高2.5米，其余渠段因地制宜，渠底宽3.5~2.4米，渠墙高2.2~1.7米。下设支渠13条，灌溉面积11.62万亩。同时还为安阳县的磊口、马家两个公社（乡）送水。

三干渠从总干渠尾（分水岭）上游560米处的右侧分出，伸向东北，全长10.9公里。有各种建筑物65座，主要建筑物有曙光洞和仙岩渡槽。渠底纵坡比明渠为1/3000，隧洞为1/1000。下设三条支渠，任村、东岗、河顺等三个公社受益。灌溉面积4.6万亩，其中任村公社（镇）5170亩，东岗公社（乡）33332亩，河顺公社（镇）7430亩。

此外，还有桃园分干渠、英雄干渠等其他干渠。

上述干渠连接着红旗渠总干渠和各个公社，渠水像血液一样在宽阔的渠道里源源不断地流淌，激起了人们对美好生活的无限向往。

红旗渠是水利工程学的奇迹，也是建筑美学的杰作，体现了精益求精的工匠精神。红旗渠建设者的大手是粗糙的，它能够劈山造渠，创造人间奇迹，也能够点石成“金”，创造出令人叹为观止的建筑精品。

沿着红旗渠宽大的渠道而行，会发现不少气势宏伟的建筑精品，其中最具代表性的就是“十大工程”。“十大工程”像钻石一般散布在渠道上熠熠生辉，是劳动人民智慧与勇气的结晶，也是人文与石艺有机融合的精品。总干渠上坐落着渠首引水枢纽工程、青年洞、空心坝、南谷洞渡槽、分水岭分水闸，属于红旗渠建设前期的精品代表。桃园渡桥、曙光洞、夺丰渡槽、曙光渡槽、红英汇流分布于三条干渠上，是红旗渠建设中期的精品。

如今到红旗渠景区旅游，游客能够参观到的景点主要是青年洞和分水岭分水闸（红旗渠纪念馆所在地），其他的八个建筑由于分布较散并未进行旅游开发，暂时还没有纳入旅游线路，仍然是“养在深闺人未识”。有兴趣的游客可以自行前往参观，肯定会有更丰富的游览体验。

为纪念红旗渠建成，国家邮政局 1972 年发行了《红旗渠》邮票 1 套 4 枚，由杨白子、许彦博设计，孙鸿年、高品璋雕刻。第 1 枚“愚公移山”，第 2 枚“青年洞”，第 3 枚“桃园渡桥”，第 4 枚“人工天河”。整套邮票采用影雕混合套印，图案大气磅礴、宏伟壮观，极富视觉冲击力，具有很高的欣赏和收藏价值。

在三条干渠上，“最具创意的建筑”当数“桃园渡桥”。桃园渡桥是红旗渠上最高的渡槽，位于一干渠桃园村附近，因横跨桃园河谷而得名。“二十四米高，巍峨一渡桥，通水又通车，好上又加好。”这是当地老百姓对桃园渡桥的描绘和形容。它全长 100 米，宽 6 米，最高处 24 米，共 7 孔，每孔跨度 8 米，桥拱券厚约 0.5 米。两侧槽墙高 2.7 米，底宽 2 米，顶宽 1 米，纵坡比 1/1700，设计流量 6.8 立方米 / 秒。顶部为现浇钢筋混凝土桥板，路面宽 4.6 米，上连涵洞长 100 米，下接涵洞 170 米，槽下排洪水，槽中通渠水，槽上可以通汽车，一桥三用，解决了渠水和洪水交叉的问题，满足了通水和通车兼容的需求。

鲜为人知的是，桃园渡桥“一桥三用”的奇思妙想竟然出自一位从清华大学毕业不久的年轻姑娘。来自河南省水利厅勘测设计院、安阳水利局、林县水利局的 18 名科技人员联合组成的设计组在三条干渠建设时期提供了宝贵的技术支持。河南省水利厅勘测设计院的技术员贺亚斐是一位刚从清华大学毕业的高才生，她深入一线调研，仅用一个星期就完成了桃园渡桥的设计方案。当人们拿到这个新颖别致的设计方案时还有过一番激烈的争论。有的说书上都没有见过，如何能够建成？有的则豪气冲天，说书上没有，我们把它建成了，写进书里不就有了！在能工巧匠的眼里，世上就没有过不去的火焰山。

颇为遗憾的是，在当年的话语体系和社会氛围下，个人的贡献往往需要融入群体之中，最后在历史叙事中成为群众的集体创造。但是，作为一个从中受益的林县人，还是有义务把所有支持过红旗渠、为修渠做出突出贡献的人从历史长河中一一提取出来，把他们的事迹精心擦亮，让那些“沉默不语”的“贺亚斐”能够神采奕奕地走向我们。

这里还有一位能工巧匠不得不提。秦永录（1913 年—1990 年）是采桑公社秦家坡村人。在红旗渠建设过程中，他担任采桑公社分指挥部施工员。他通过勤学苦研掌握了许多施工实用技术，多次解决施工中的难题，很快成为施工的行家里手。在建设桃园渡桥时，按照常规施工，七个槽孔全部搭建“木牛”至少需要木料 3000 根，但当时物资紧张，上级只能配备 2000 根木料。他反复研究如何能够节省木料的办法，根据“立木顶千斤”的原理，改双梁搭架为通梁搭架，充分借助桥墩代替顶梁柱，创造出“简易拱架法”，最后仅使用 1000 根木料就完成了建造任务。这一了不起的技术革新不仅节省了大量木料和资金，还大大加快了渡槽建设进度，很快在红旗渠建设中得到了广泛应用，取得了很好的经济效益。1966 年红旗渠三条干渠通水典礼时，秦永录被评为红旗渠建设特等模范。

桃园渡桥的成功建成，一举诞生了“一桥三用”和“简易拱架法”两项了不起的创新，技术员贺亚斐和施工员秦永录大胆创新、勇于创造的精神尤其值得大书特书。桃园渡桥后来和空心坝一起被人们视为红旗渠上创新创造的典范。

修渠不仅要有创新创造的智慧，也要有不屈不挠的斗志。“曙光洞”的建造过程充分彰显了人民群众战天斗地、勇于创新的勇气和智慧。

在桃园渡桥的建筑工地上，劳动者们施工起架，密切配合，硬是在不能建渠的地方建成一条渠。（拍摄 / 魏德忠）

“二十四米高，巍峨一渡桥，通水又通车，好上又加好。”桃园渡桥是红旗渠上最高的渡槽，因横跨桃园河谷而得名。它一桥三用的设计理念彰显了林县人民的智慧和匠心精神。（拍摄 / 魏德忠）

曙光洞是三干渠穿过卢寨岭的隧洞，也是“红旗渠上最长的隧洞”。它全长 3898 米，宽 2 米，高 2 米，纵坡坡比 1/1000，设计流量 3.1 立方米每秒。由于隧洞经过村庄，不能使用炸药，几乎全部由人工开凿。为便于施工，东岗公社分指挥部大胆探索改进施工方法，决定在隧洞上面打 34 个竖井以增加作业面，其中 20 米以上的 23 个，最深的达 61.7 米。曙光洞工程量大、施工难度极高，经过 1300 名群众一年零四个月的艰苦奋战，终于于 1966 年 4 月 5 日被凿通。整个工程共挖凿山石 3.08 万立方米，砌石 0.9 万立方米，投工 25 万个。

开凿曙光洞时还诞生了一个“出碴不见碴”的创新。曙光洞共有 34 个竖井和 2 个洞口，每天从洞里往外运出来的石碴数量惊人。这些石碴最初作为废料被随意堆积在卢寨岭上，后来越出越多、越堆越高，不可避免地覆盖了山洼里金贵的田地。石碴占地压田的现象很快引起了杨贵、马有金等人的高度重视，他们立即组织人手仔细研究解决办法。

经过研究，人们开始“变废为宝”，一方面利用石碴就近在山坡上垒砌石岸、垫上黄土，将崎岖不平的荒山坡变成一块块梯田，把小块的山洼地修整为成块连片的耕地，另一方面规划设计周边的乡村道路，用大量石碴垫成 8 米宽的路基，修成了结实平坦的乡村道路。这样既避免了石碴占用山上稀缺的良田，又可以新增加不少山坡耕地，还趁机新修了乡村道路，可谓一举三得。

“出碴不见碴”的创新做法后来在三条干渠建设中得到了广泛应用，渠修到了哪里，路就修到了哪里，不仅不占用沿渠周边的耕地，而且顺势而为“以渠带路”“以路带林”，修渠、修路、植树造林同步进行。如今这些渠边道路已经成为景色宜人的林荫大道，吸引着大量游客来此观光休闲。

如果要评选红旗渠上“最美的渡槽”，当然非“夺丰渡槽”莫属。夺丰渡槽是二干渠的咽喉工程。它总长 413 米，宽 4 米，最高 14 米；单孔跨 5 米，共 50 孔。中间越过一个山丘，分为上下两段：上段 17

孔，长172米，下段33孔，长241米。过水断面高1.8米，宽1.7米，纵坡比1/900，设计流量2.7立方米每秒。1965年12月1日开工，1966年4月5日竣工。

夺丰渡槽设计精美，气势雄伟，施工考究，被人们赞誉为“红旗渠上的工艺品”。工程所用石材全部是经过精挑细选的大青石，再由能工巧匠精锻细琢，每一块石材方方正正，都是“寸三道”（每一寸宽锻三道纹）“五面净”，砌筑质量也很高，既坚固又美观，充分体现出林县人经过修渠锻炼出来的高超施工技术和石艺加工水平。当年人们为了找到符合建造要求的优质青石，找遍了附近的大小山头，终于在2公里外的山上找到了优质石料。施工中使用的沙子也没有就地取材，而是经过了精心挑选，最后在5公里外找到了质量过硬的沙子。1966年三条干渠竣工通水典礼时，负责承建此工程的河顺公社分指挥部被评为三个特等模范营之一。

“红英汇流”是红旗渠一干渠与英雄渠的交汇处，堪称红旗渠上“最浪漫的牵手”。英雄渠建成于红旗渠开工之前，为后者积累了宝贵的施工经验和技术基础。红旗渠当初从英雄渠手中接过了修渠“秘籍”，七年后自北向南蜿蜒延伸，终与英雄渠聚首，宛如一对分别多年的恋人历经千辛万苦，终于兑现了当年的浪漫约定再次牵手。

一干渠自分水岭沿太行山东麓向南，到合涧镇上庄村南止，与英雄干渠汇流后，下称红英干渠。红英干渠全长11.8公里，渠底宽4米，渠深2.3米。红英干渠可以灌溉合涧、原康、东姚等7个公社（乡镇）16万亩耕地。利用渠水落差，“红英汇流”处建有2座小型水电站。

“农民水利技术员”路银在修建“红英汇流”时贡献很大。面对红旗渠一干渠和英雄渠交叉、渠水相互冲击渠道的施工难题，路银在一无专家、二无图纸的情况下，利用“水鸭子”准确地找到了汇流点，并特意设计让汇流点略低于一干渠的坡度，保证了渠线缓缓而下，实现了两道渠水和谐相容、成功牵手。他设计出的“两进一出”的闸门独具匠

精锻细琢的大青石砌筑起来的夺丰渡槽一眼望不到头，蔚为壮观，充分体现出林县人民的工匠精神。（拍摄 / 魏德忠）

夺丰渡槽总长413米，宽4米，最高14米；单孔跨5米，共50孔。因设计精美，气势雄伟，施工考究，被人们赞誉为“红旗渠上的工艺品”。（拍摄/梁雪山）

心，成就了“红英汇流”这一建筑精品。

“十大工程”无疑是红旗渠“出品”的精品，百炼成钢的建设者更是红旗渠“出品”的精英。林县人民所经历的创业艰辛以及由此发生的巨大变化，是他们继续干事创业的宝贵财富。“只要我们依靠人民，坚决地相信人民群众的创造力是无穷无尽的，因而信任人民，和人民打成一片，那就任何困难也能克服，任何敌人也不能压倒我们，而只会被我们所压倒。”[①] 经过了红旗渠总干渠上的艰苦磨炼，修渠群众早已不是当初只会种地的“泥腿子”，而是变成了胆大心细、技艺非凡的建设者。三条干渠和支渠等配套工程按照受益面积分配施工任务，主要依靠各公社分头组织建设。像这样较大的工程，过去需要县里统筹修建，现在公社层级就能独立完成。以前需要公社层级组织修建的工程，如今几个大队合作承建就可以完成。干部群众旺盛的斗志和过硬的技能在三条干渠和支渠等配套工程建设中得到了充分体现，最具代表性的就是凿通曙光洞。

三干渠经过东岗公社的火石山、豹子山、卢寨岭三座山岭，这里地质复杂，岩层石质软硬不均。如果劈山修明渠，挖土石方量太大，如果开凿隧洞，则必须在卢寨岭肚子里钻出一个近 4 公里长的隧洞。勘测资料显示这里除了坚硬的岩层外，还会遇到裂隙水渗、流沙或断层等复杂情况，开凿隧洞难度很大，尤其是通风、塌方、排水问题不易解决。东岗公社在总干渠建设中曾经夺得过“无坚不摧”模范营的荣誉，如今在自家门口修渠，困难再大也不能退缩。分指挥部认真研究后决定沿卢寨岭的洞线布设 34 个竖井，从每个竖井里向两头开凿平洞，既可以实现 70 个工作面同时开工，又便于通风排烟。

来自周边 19 个村的群众就在长长的卢寨岭上热火朝天摆开了战场，有一位“凿洞能手”在这里脱颖而出。东卢寨连施工连长王师存带领大家开凿 34 号竖井。井下一片漆黑不便施工，大家纷纷从家里拿来马灯

① 《毛泽东选集》第 3 卷，人民出版社 1991 年版，第 1096 页。

用作照明。竖井太深，进风量少，井下放炮后烟雾不易排出，严重影响下一步施工，甚至会造成人员窒息。但是人们为了加快施工进度，毫不犹豫冒险下洞，用力挥舞衣服向洞外排烟。后来人们用自制风车向洞内扇风，还创造出用抬筐插上树枝上下拉拽排烟的土方法。后来一煤矿支援了一架鼓风机，有效解决了通风排烟问题。经过全力奋战，东卢寨连提前 50 天完成了自己的施工任务，又主动协助兄弟连队承担 26 号竖井上最艰巨的一段工程。

26 号竖井有 23 米深，打到半腰时遇到流沙层和地下水，大家排除困难后继续凿洞。打平洞时大家采取边开凿边券砌的办法，以确保凿洞进度和券砌质量，但仍不免出现险情。一次洞顶土石哗哗往下掉，眼看就要塌方，王师存纵身而起用肩膀扛住大石，呼喊同伴赶紧离开。等所有人都安全了，他才猛地撤身脱离危险，但身上已多处受伤。还有一次洞内发生严重塌方，他和同伴被堵在洞里，空气稀薄，马灯也熄灭了。王师存冷静地鼓励同伴："拿着工具挖，只要还有一口气，就要挖出去。"他用钢钎猛击洞壁，向外传递信息。外边营救的人听到声音后全力挖掘，最后里应外合，挖通了堵塞的洞口。他让同伴先爬了出去，自己最后才出来。

由于在凿通曙光洞中的突出表现，1966 年三条干渠竣工通水典礼时，"凿洞能手"王师存被评为红旗渠建设特等模范，他所在的东岗公社分指挥部也因凿通曙光洞而被评为三个特等模范营之一。

林县广大干部群众干劲冲天，1966 年 4 月三条干渠全部竣工。随后修渠大军又抽出精兵强将马不停蹄、连续奋战，将总干渠河口至分水岭已修成渠墙 2.5 米的渠段加高至 4.3 米，同时全线加固，达到原规划设计标准。

1966 年 4 月 17 日，林县县委、县人委召开红旗渠建设英模大会，隆重表彰在红旗渠建设中表现卓越的先进单位和个人。大会共授予 86 个单位为红旗渠建设模范单位，其中河顺、采桑、东岗为特等模范营

林县广大干部群众干劲冲天，1966年4月三条干渠全部竣工。此图为红旗渠三条干渠竣工通水典礼现场盛况。（拍摄/魏德忠）

（公社），特等模范连（大队）18 个，甲等模范连 33 个，乙等模范连 32 个；共授予 74 个单位为支援红旗渠建设模范单位，其中特等模范单位 12 个，甲等模范单位 30 个，乙等模范单位 32 个；共表彰模范个人 733 人，其中特等模范 43 人，甲等模范 229 人，乙等模范 461 人。

4 月 20 日，林县县委、县人委隆重举行红旗渠三条干渠竣工通水典礼，主会场就设在“红英汇流”处。这里是红旗渠与英雄渠汇合的地方，具有特殊纪念意义。另外，大会还在桃园渡槽、夺丰渡槽、曙光洞口和安阳县马家公社科泉西长虹渡槽设立了四个分会场。当天，全县共有 12 万人在现场参加大会，还有 21 万人通过广播聆听大会盛况。

河南省委、省政府高度重视红旗渠建设工作，省委第二书记、省长文敏生出席通水典礼并讲话。他高度评价了林县县委带领人民在征服自然、改造自然中发挥的重大作用，大力赞扬了林县人民在山区建设中取得的巨大成绩。他说：“英雄的人民创造了人间奇迹，通过艰苦的斗争，又锻炼了英雄的人民。在建渠的过程中，涌现了大批的英雄模范和能工巧匠，他们是革命的闯将，是改造大自然的英雄，他们做出重大的贡献，立下了不朽的功勋，他们的革命精神，是值得认真学习的。”他大力赞扬红旗渠是全省人民向大自然开战、艰苦创业的光荣榜样，要求全省各级党组织和全省人民掀起一场“学林县、赶林县、超林县”的比学赶帮超运动。

那一天，会场内人头攒动，会场外万人空巷，全县男女老少兴高采烈地簇拥在红旗渠沿线，观看渠水从远方奔腾而来。他们的脸上带着幸福的笑，心里乐开了花，因为红旗渠水就在眼前，好日子很快就会像花儿一样在林县大地次第绽放。

4 月 21 日《河南日报》发表社论《改天换地斗争的伟大胜利》，22 日《人民日报》发表社论《人民群众有无限的创造力》，共同祝贺林县人民修建红旗渠取得伟大胜利。当天，河南省委省、地、县三级干部会议在林县召开。会后，一场“学林县、赶林县、超林县”运动很快在全省蓬勃展开。

从此以后，红旗渠已经不单单是林县的红旗渠，而是全省上下奋发向上、力争上游的一面旗帜，几年之后，甚至成了激励全国人民奋发有为的一面红旗。

红旗渠纪念馆是一座收藏、展示红旗渠历史，研究、传承红旗渠精神的展馆，以红色为基调，整体形态犹如舞动的红色飘带，造型似灵动的渠水，建筑面积6300平方米。展厅由“千年旱魔，世代抗争”“红旗引领，创造奇迹”“英雄人民，太行丰碑”“山河巨变，实现梦想”“继往开来，精神永恒”五个部分组成，通过515米长的展线、2000多件珍贵文物，运用空间环境艺术、雕塑艺术、绘画艺术、灯光艺术、多媒体艺术、场景模型艺术、影像艺术等八大手段来展示，营造了再现历史、触摸历史、穿越历史、对话历史的效果与氛围，使人们深刻感悟红旗渠精神，从而不忘艰难困苦，不负使命重托。（拍摄 / 崔志宏）

宽阔的渠道携着一渠清水，环绕着山坡，越过了丘陵，流进了梯田，滋润了盆地，把美好的生活带给了林县人民。（拍摄 / 彭新生）

第七章 长藤结瓜

祖祖辈辈缺水盼水，红旗渠引来了漳河水。
水库蓄住了山谷水，红旗渠灌满了库池水。
浇地渠库池齐放水，一渠水可顶两渠水。
平整土地合理浇水，大家都来节约用水。
关键保好渠管好水，林县就不再愁缺水。

——杨贵《赠言十水》

三条干渠的建成标志着红旗渠灌溉工程主体部分已经完成，纵横交错的渠道已经基本网住了全县的高岭山头，成功地将浊漳河水输送到了县域内大部分地区。下一步任务就是“引水入田”，尽快建好斗渠、农渠、毛渠等水利配套设施，将来之不易的渠水稳稳当当输送到田间地头，完成红旗渠的初心使命。

1966 年 5 月 5 日，林县县委、县人委召开全县水利建设配套工程会议暨灌区第一次代表会议。按照红旗渠整个建设序列，刚刚完成的三条干渠建设是“第五期工程”，即将开展的水利建设配套工程相应地被称作“第六期工程”。“第六期工程”的主要任务是建设好 41 条支渠和所有斗渠、农渠、毛渠，同时搞好淅河渠、天桥渠、抗日渠、淇南渠、淇北渠等已有渠道与红旗渠的衔接配套。

按照规划安排，第六期工程主要在各公社辖区内施工，受益主体更为清晰，施工任务也更加明确。两个以上公社共同受益的支、斗渠，由总指挥部派人测量定线和设计，然后交由各公社自行组织施工。一个公社受益的支、斗渠，由该公社自行规划、设计和建设。斗渠以下的农渠、毛渠等田间工程，由所在的各公社指导各大队自行规划建设。

眼见着渠水马上就要流进自家田里，人们摩拳擦掌、信心十足，准备鼓足干劲、乘势而上，早日完成支渠配套工程。

县委开始一方面带领群众大搞以红旗渠灌区配套为中心的农田水利基本建设，另一方面坚持山、水、田、林、路统一规划，围绕渠系配套建设搞好“一渠十带”。

一是“以渠带库”，沿渠兴建水库、池塘、旱井，提升蓄水能力；二是“以渠带地”，统一平整土地，达到便于灌溉的水平地；三是“以渠带站”，在渠上修建提水灌溉站，弥补自流灌溉不足，扩大灌溉面积；四是“以渠带井”，在渠线附近多打浅水井、深水井；五是“以渠带电”，利用渠水落差，建立水力发电站；六是“以渠带路”，将修渠挖出来的土石变废为宝，建设沿渠道路和田间道路；七是“以渠带岸”，结合修建田间农渠和平整土地，整修加固田间堤岸；八是“以渠带林”，沿渠沿路栽植林木，发展田间林带；九是“以渠带线”，电力、通信线路与渠道、田间道路并行，尽量不占用耕地；十是“以渠带卫”，凡是渠水经过的地方统一安装自来水管，整修村庄街道卫生，营造良好乡村环境。

“一渠十带”实际上是一项以红旗渠为中心展开的农村综合治理规划设计，既务实又富有远见卓识，充分彰显了当时的林县县委强烈的为人民服务意识和极具想象力的规划思维。“一渠十带”初步奠定了林县乡村发展基本格局，带来了明显的综合治理效果。如今几十年过去了，漫步乡间田垄仍然可以看到“一渠十带”的影子，让人不得不佩服当初治理者的睿智和远见。如今景色优美、游人如织的红旗渠观光大道，就是在当初护渠道路的基础上扩建和美化而成。昔日野兽出没的荒山野岭，如今早已成为游客赏花观景的旅游胜地。

正当全县人民满怀信心、集中力量准备毕其功于一役之际，史无前例的“文化大革命”开始波及了偏远的林县。长期以来屡遭非议的红旗渠当然也难逃被批判的命运，不仅领导群众修渠的杨贵等县委班子成员被造反派趁机打倒，遭受残酷批斗和非人折磨，就连任羊成、路银、常根虎、王师存等红旗渠劳模也无法幸免，接连受到批斗和打击，有人因此含恨去世。在风雨飘摇的日子里，即将迎来收官的红旗渠工程建设开始变得踉踉跄跄，最后不得不停工。

1968 年 4 月，在河南省委、省军区的关怀和支持下，杨贵重新回到林县主持工作，任林县革命委员会主任。林县混乱的局势开始有所稳定。尽管杨贵等县委班子成员在“文化大革命”中受到了严重的不公正待遇，但组织上一声令下又毫无怨言地出来工作。他们团结一致、重整旗鼓，认真制定了“改条件、建基地、工支农”和以改土为中心的农田水利基本建设的全面规划，决心把前面耽误的时间抢回来。

10 月 25 日，林县革命委员会召开全县水利配套工作会议，重新规划开工支渠配套建设，耽搁两年之久的红旗渠支渠配套工程终于重新开工。广大干部群众身上早就憋着一股劲，心里窝着一团火，迅速掀起了一场声势浩大的红旗渠支渠配套工程建设高潮。仅仅用了 9 个月，红旗渠配套工程就胜利竣工。

在支渠配套工程建设期间，人民群众的冲天干劲和创造伟力得到了淋漓尽致的发挥，尤其是在“曙光渡槽”的建设过程中。

曙光渡槽位于三干渠三支渠上，全长 550 米，最高处 16 米，底部和顶部分别宽 5.4 和 3.5 米，20 个桥孔均为石拱结构。中间三个桥孔为便于通公路跨径 10 米，其余 8.5 米。共垒砌石料 1.7 万立方米，挖土石 0.69 万立方米，投工 36 万个，投资 38 万元，其中社队自筹资金占 92.6%。作为红旗渠上第二长的渡槽，曙光渡槽由于工程宏伟，长度很长，建设速度又快，后来成功入选“红旗渠十大工程”。

曙光渡槽完全由东岗公社自己设计、自筹物资、自己施工。建造渡槽需要上万方石料，原本预计三个月备齐，但是干部群众盼水心切，男女老少齐上阵，牲口驮，肩膀扛，小车推，马车拉，就连孩子们放学后也顺路捎块石头送到工地，结果一个月就把所需石料全部运上工地。人们从元宵节闹社火中的“挑轿”项目中获得灵感，创造性地用长木杆和绳子制成了 8 部“土吊车”用来起重上料，一次可以把千余斤料石直接送上 10 多米高，轻松自如地放置到指定位置，工效提高了 4 倍多。曙光渡槽预计半年完工，但在人们苦干巧干加实干下，1969 年 4 月 2 日开

人们正热火朝天地建设渡槽，展现着“自力更生、艰苦创业、团结协作、无私奉献”的红旗渠精神。（拍摄 / 魏德忠）

作为红旗渠上第二长的渡槽，曙光渡槽由于工程宏伟，长度很长，建设速度又快，后来成功入选“红旗渠十大工程”。（拍摄 / 魏德忠）

工，6月25日竣工，仅用84天就建设完成。

这一时期还有不少干部群众自己设计、自己施工的隧洞。如1050米长的北角岭“在险峰”隧洞、1230米长的横岭朱沙驼隧洞、503米长的红旗隧洞、500米长的牛垴隧洞、2500米长的风门岭隧洞等33个隧洞，总长度达9512米。谁都没有想到，原先只会种地的“泥腿子”经过在红旗渠建筑工地上的锻炼，脱胎换骨都变成了“钻山能手”，居然凿通了这么多超大体量的隧洞。

北角岭“在险峰”隧洞是由东岗公社北角大队修建的。当时只有17岁的女青年韩用娣就和姐妹们一起和男青年们积极参加建设。她兴奋地对大伙儿说：“等隧洞一打通，水流到山后来，俺再也不用跟着爹到山前挑水吃，肩膀也要解放了。”韩用娣年龄虽不大，但每天抡锤打钎、凿洞出碴，争着抢着干重体力活，掌握了不少施工技术，一点儿也不落后于男青年。为了让放炮后的烟早点儿从洞里排出去，她带着女青年们冒着炝人的硝烟味儿下到洞里，用衣服、树枝等拼命地向外赶烟。洞里每天出碴量很大，她和老木匠一起研究制造出木轮车，由肩抬外运变成人力拉车，大大减轻了劳动强度，也有效提高了工效。在整个红旗渠建设过程中，像韩用娣一样的女青年还有很多很多。她们干活不甘人后，善于动脑用心，赢得了“铁姑娘队”的美誉，充分体现了新社会里“妇女能顶半边天”的别样风采。

在凿通风门岭隧洞中还涌现出了父子（女）同心协力凿洞修渠的先进典型。河顺公社魏家庄大队支书魏三然身患癌症，却依然带领三个子女和群众一起凿洞修渠。病情恶化后，他仍然坚持让儿子搀扶着到工地上检查工程质量。他在弥留之际仍然对工程念念不忘，嘱咐子女一定要打通隧洞、引水进村。女儿魏秀花继承父亲遗愿，怀孕三个月了仍然每天和大家一起凿洞不止，后因突发事故遭遇不幸，献出年仅23岁的宝贵生命。

参加建设风门岭隧洞共有12个大队，都是以共产党员和男女民兵

女青年们干活不甘人后，善于动脑用心，赢得了“铁姑娘队”的美誉。（拍摄／魏德忠）

面带笑容的林县女青年让我们感受到了能顶半边天的女性风采，生动演绎了什么叫“巾帼不让须眉”。（拍摄／魏德忠）

为骨干组成的专业队。他们喊出了“人民群众胜山神，当代愚公闯风门，千难万险何所惧，誓牵龙王进山村”的豪言壮语，发扬一不怕苦、二不怕死的革命精神，前仆后继，不怕牺牲，奋斗不止。魏家庄大队17岁的共青团员刘秋才初中刚毕业就来到工地锻炼自己，不幸献出了年轻的生命。他的姐姐、中共党员刘先英和16岁的妹妹化悲痛为力量，继续奋战在风门岭上。

经过了五年零五个月的艰苦奋斗，风门岭隧洞终于建成通水，3名基层干部和4名群众把宝贵的生命永远留在了这里。

在红旗渠建设过程中，像魏三然父子（女）齐心协力、奋不顾身修渠的事例还有很多。如临淇公社西张村60岁的宋保贵和17岁的女儿宋云芹，红旗渠开工之初就来到工地，被人们称为“引漳入林渠上父女兵”。还有小店公社南山村的张运仁、张买江父子，父亲为红旗渠献出生命，张买江子承父志12岁就来到红旗渠工地。张买江特别能吃苦、干活特拼命，人称红旗渠上的“小老虎”，后来还被评为红旗渠建设特等模范。

红旗渠支渠配套工程从1968年10月开工到1969年7月竣工，共劈开1004座山头，跨越850条沟壑，修建渡槽90多座，凿通较大的隧洞70多个，山、水、田、林、路统一规划、综合治理，支、斗、农渠形成网络，蓄、提、引多策并举，5万多眼旱井、3000多个池塘、500多座水库、40多座中小型水电站和154个电力提灌站连成一体，共同构成了以红旗渠为主体的水、电、工、农、交、运等综合发展体系。在渠线经过的地方修建了大大小小的水库池塘。它们与干、支渠紧紧相连，遍布全县的山头地头，丰水时调水、蓄水、保水，用水时开闸放水浇地，一渠水能顶两三渠水用，就如同一条长长的藤蔓上结满了无数个生机盎然的瓜，人们形象地称之为“长藤结瓜”。

1969年7月6日，这是一个载入林县史册值得大书特书的日子，林县革命委员会在这一天隆重召开庆祝红旗渠工程全面竣工大会。河南省革命委员会、河南省军区、安阳地区革命委员会、安阳军分区负责人参加大会，并发表了热情洋溢的讲话。

杨贵在大会上作了《庆祝胜利，展望胜利》的讲话。他满怀感慨地说："从 1960 年 2 月红旗渠总干渠开工起，共打了 6 个战役，到现在止，红旗渠干、支渠配套工程全面竣工。红旗渠的胜利，说明用毛泽东思想武装起来的人，山能改，水能移，什么人间奇迹也能创造出来。"他指出红旗渠通水后给全县工农业生产带来很大变化，抗旱防涝能力大大增强，发展了水电生产，为发展工业生产提供了优越条件，培养了大批建筑人才，既修了渠又通了路，促进了卫生事业。今后水利建设要突出抓好蓄水工程、土壤改良、农田渠系配套三方面工作。

各级媒体也给予了红旗渠有力的舆论支持，给长期心怀忐忑的林县人民吃了一颗定心丸。1969 年 7 月 8 日，《河南日报》刊发《规模宏伟的林县红旗渠工程全面竣工》和《风卷红旗过大关》的文章，报道了庆祝红旗渠支渠配套竣工大会情况和建成红旗渠的全过程。文章认为，英雄的林县人民高举毛泽东思想伟大红旗，坚持 10 年艰苦卓绝的英勇奋战，自力更生建成了红旗渠，形成了一个能引、能蓄、能灌、能排的水利网，改变了林县山区的干旱面貌，这是林县人民坚持党的自力更生方针，发挥一不怕苦、二不怕死的革命精神的伟大胜利。

7 月 9 日，《人民日报》以《林县人民十年艰苦奋斗，红旗渠工程全部建成》为题专门报道了红旗渠竣工喜讯，并配发长篇通讯《独立自主、自力更生的一曲凯歌》。文章指出，林县人民经过 10 年的艰苦奋斗，终于使高山低头，河水让路，引来漳河水，改变了林县人民世世代代缺水的面貌。这是林县人民执行毛泽东主席的"独立自主、自力更生"方针的一曲凯歌。

这些声音对于一直处于是非纷扰之中的红旗渠来说弥足珍贵，而对于那些长期为红旗渠默默奉献却被无端误解和恶意批斗的建设者而言，无疑是莫大的安慰。

那么红旗渠到底是一个什么样的渠？

历史不会忘记，现实可为明证。1960 年 2 月，红旗渠工程开工。10 月 1 日，总干渠第一期工程（山西渠首至河口段）正式竣工通水，浊漳河水被引到了林县界。1961 年 9 月 30 日，总干渠第二期工程（河口至木家庄段）竣工。1962 年 10 月 15 日，“隔三修四”（南谷洞至分水岭段）完成，南谷洞水库蓄水越过坟头岭。1964 年 10 月 30 日，总干渠第四期工程（木家庄至南谷洞段）竣工。1965 年 4 月 5 日总干渠正式通水，浊漳河水流入林县盆地，引漳入林变为现实。1966 年 4 月 20 日，三条干渠竣工通水，红旗渠灌溉工程主体部分完成。1969 年 7 月 6 日，红旗渠灌溉工程全面竣工，“引水入田”目标基本实现。

十年栉风沐雨、劈山造渠，十年披荆斩棘、筚路蓝缕，终于换来山河变了模样，人们笑逐颜开。红旗渠如同一个巨大的蛛网，构成了一个庞大的水利灌溉网络，宽阔的渠道携着一渠清水，环绕着山坡，越过了丘陵，流进了梯田，滋润了盆地，把美好的生活带给了林县人民。

水润万物百业兴。红旗渠通水后彻底改变了林县长期干旱缺水的状况，给林县人民带来了无可估量的经济社会效益。全县共有 14 个公社 410 个大队受益，67 万人和 3.7 万头家畜的吃水问题得到了解决，54 万亩耕地得到了有效灌溉，粮食产量逐年提高。1978 年全县粮食单产达到 389.25 公斤，总产 2.94 亿公斤，“糠菜半年粮”已经成为历史。林业生产也得到了大发展。经过几十年的植树造林和封山育林，“童山濯濯”渐渐地变成了青山绿水。这些实实在在的成绩和翻天覆地的变化，充分证明了红旗渠就是一个基础性、关键性、革命性的伟大工程。

1958 年时杨贵曾经写诗描述对未来林县的美好憧憬：“渠道网山头，清水到处流。吃的自来水，鱼在库中游。遍地苹果笑，森林盖坡沟。走的林荫道，两旁赛花楼。点灯不用油，犁地不用牛。不缺吃和穿，不怕灾年头。生活日日好，山区人民永无忧。”当年的浪漫畅想在人们勤劳的双手里真的实现了。如今新的林州市早已经洗尽尘土，幻化为太行山前的美丽山城，豫北地区最亮丽的风景。

红旗渠后来正式载入了党史。《中国共产党历史》第二卷（1949—1978）于2011年1月11日正式出版发行，其中《社会主义建设的全面展开和对中国建设社会主义道路的艰辛探索》篇章中这样写道：

“在50年代末至60年代初的三年暂时经济困难时期，中国人民面对着极为严峻的考验，也展开了一场同自然灾害和物质匮乏的斗争。其中大寨人自力更生、艰苦奋斗和林县人民开凿红旗渠、重新安排山河的壮举，是杰出的代表。”①

“据统计，红旗渠建成40年以来，总引水量达到85亿立方米，历年来灌溉面积达8000万亩次，共增产粮食31.8亿斤，发电4.7亿度，创效益17亿元，相当于总投资的23倍。正如周恩来总理所说，这条盘绕在太行山千嶂绝壁上的蓝色飘带，是新中国创造的两大奇迹之一。

“正是在向严重经济困难进行的斗争当中，在中国共产党领导下，中华民族形成了鲜明的时代精神。为这个伟大精神所感召，中国人民抒写了无数重整山河的壮丽诗篇。”②

毫无疑问，红旗渠充分体现了新中国不畏艰难、奋斗有为的精神气质，是中国共产党领导下人民团结奋斗、重整河山的典范。

红旗渠工程的体量无疑是巨大的，施工中挖砌土石方量高达1515.82万立方米。有人计算过，如果将这些土石方修成一条高3米、宽2米的墙，可以将哈尔滨、北京、广州连接在一起。

红旗渠是列入国家重点文物保护单位名录中“活着”的文物，至今仍在发挥水利功能，但它同时也面临着一种尴尬：随着浊漳河两岸经济社会快速发展，水资源开发力度不断加大，红旗渠上游来水逐年减少，现有功能远低于当初的设计初衷。“大河无水小河干”，这种尴尬正是

① 中共中央党史研究室编写：《中国共产党历史》第二卷（1949—1978）下册，中共党史出版社2011年版，第694页。

② 中共中央党史编写：《中国共产党历史》第二卷（1949—1978）下册，中共党史出版社2011年版，第695、696页。

中国北方水资源紧缺的一个缩影，也是值得所有人警醒的现实。不过，有了满满当当的一渠“精神”，我相信一定能有效解决好这一尴尬，让红旗渠这一“活着”的文物能够持续地发光发亮、源远流长。

红旗渠不是一个普通意义上的水利工程，而是有着强烈的价值取向和人文追求的人工工程。作为一条有着巨大灌溉功能的人工引水渠，一个体量巨大、建在山腰上的建筑群落，它凝结着一个时代的气质，蕴含着一个政党的追求，承载着一个群体追梦圆梦的故事。

奋斗永无止境。红旗渠建成后，林县人民并没有停下前进的脚步，而是继续在田间地头开展农田水利基本建设，大搞各种渠系配套。特别是 1976 年红旗渠水泥厂建成后，林县开始利用预制和现场浇筑的方式修建渠道，很快形成了 U 形混凝土斗、农渠建设热。这种 U 形混凝土渠道防渗保水性能高，施工高效便利，可以实现渠水的高效输送，很快就遍布全县的田间地头。

有了可浇地的水，就得有能浇水的地。在开展灌区水利配套建设的同时，全县各社队掀起了以平整深翻土地为代表的农田基本建设高潮。深翻改土坚持“三改一保”标准，即改田地不平为水平田，改土浅地为土深地，改没岸地为有岸地，保护好活土层，实现平地田园化、山区“大寨田”。按照全国农业发展纲要规定，黄河以北亩产粮食指标为 400 斤，黄河以南 500 斤，长江以南 800 斤。林县经过“三改一保”后的耕地全部实现了可灌溉化，大幅提高了水利灌溉效益，粮食产量节节高升，很多亩产不仅过了“黄河”，还过了“长江”，甚至还出现了不少“千斤田”。截至 1979 年，全县累计平整深耕地 50 万亩，建造山坡梯田 27 万亩，劈山造田 2 万亩，改造低产田 15 万亩，农田水利基本建设成绩斐然。

“无农不稳，无工不富。”应该肯定的是，这一时期林县在农田水利基本建设方面取得的巨大成就，从根本上确立了林县的农业发展格局，初步实现了“山区人民永无忧”的梦想，也为后来的“工业立市”奠定了坚实基础。

如今我们漫步在林州市，特别是在山区和丘陵地带，很容易发现各处耕地虽然有高有低、有大有小，但无一例外都规划得平平整整、井然有序。田地边缘均由石块圈砌，地块之间高低错落，石砌（或水泥）水渠纵横相连，其硬朗简约的北方乡村风格与江南水乡截然不同，令人过目不忘。这一切都是 20 世纪 60 年代的干部群众围绕水利配套大搞农田基本建设的心血成果。如今林州市正在大力推广全域旅游，我觉得如果挖掘得当，也不失为一个不错的卖点。

如果有机会登上海拔 1000 多米的太行山顶，你更会惊奇地发现，高高的山顶上竟然到处都有一块块修葺整齐、错落有致的高山梯田。只要哪里有一片土壤，勤劳的人们就用石头砌边，然后就会顽强地生长出一块梯田。它们有的成块连片、层层叠叠，有的大小不一、零落四散，但无一例外都在昭示着人类倔强的创造伟力。最好的梯田风景是在冬日雪后，此时高低错落的梯田被皑皑白雪覆盖，在苍凉的大山映衬下更显得层次分明、意境幽远，俨然是一幅大自然着意造就的水墨丹青。

太行梯田，就是云上的梯田。

站在高高的太行山上，任凭山风吹过耳畔，放眼这山这水还有这云上梯田，禁不住心生感慨：如果没有红旗渠引水成功，哪来这么多青山绿水好风景？如果没有前辈们吃大苦受大累修成梯田，哪来我们今天的丰衣足食，哪来我们的登高放歌?

登高远眺，极目天舒。无论我们登多高，走多远，都不能忘记那些为我们默默铺路、流血流汗的先行者，为了新中国、为了中国梦而努力拼搏的建设者、奋斗者。就是这山这峰这梯田，载着后人们继续向上登攀!

从林县人民拼搏进取的奋斗轨迹里，可以看到红旗渠精神的传承和光大，看到中国人民奋斗的光与影、心和梦。（拍摄 / 李德成）

第八章 继续奋斗

红旗渠要流向全国、流向全世界。

——李先念

劈开太行山，漳河穿山来。红旗渠建成后，彻底改变了林县十年九旱、水贵如油的历史面貌，同时也打开了林县走出大山、通向世界的大道通衢，还留下了一渠“精神”在悄然流淌，滋润着每一个有梦想的人。

党和国家领导人高度重视对外推介红旗渠及其蕴含的奋斗精神。1968 年 7 月 15 日，周恩来总理曾经指出：第三世界国家的朋友来访，要让他们多看看红旗渠是如何发扬自力更生、艰苦奋斗精神的。1969 年 6 月 3 日，人民日报社《情况汇编》第 1560 期反映了红旗渠支渠建设和巩固壮大集体经济的情况，时任中共中央政治局委员、国务院副总理李先念批示，“印参阅文件，加发农业、水电、商业、轻工、化工部”，正式向全国推荐林县的红旗渠。1971 年 7 月 25 日，李先念又在外交部、外经贸部向国务院报送的《关于同意宫石林治等人参观红旗渠的请示》上批示：各国大使都可去，当然可以去，你们就可以决定。此后，红旗渠加快了迈向世界的脚步。

1974 年 2 月 25 日，李先念陪同应邀来华访问的赞比亚共和国总统卡翁达前往林县参观红旗渠。26 日上午，李先念、卡翁达、杨贵和河南省、安阳地区、林县的负责人等来到青年洞山下，一行人沿着崎岖的山道缓缓而上。李先念对河南省委负责人说：“林县人民能把红旗渠修到山上，你们就不能把路修到山上？你们没钱我拿钱！”登上青年洞后，看着奔涌的渠水，李先念激动万分：“百闻不如一见。来红旗渠一看，更感到工程雄伟，真是人工天河，不要说是在三年困难时期，就是在丰收年份，自力更生修通这条渠，也是不可想象的……红旗渠要流向全国、流向全世界。”

中央很快就下拨了专项资金修建通往青年洞的盘山公路。出人意料的是，林县在又快又省修好道路后，竟然把余款又全部退还了中央。这一举动让人们对这个地偏人穷的山区小县再次刮目相看。

“流向全国”的红旗渠很快获得了“流向全世界”的良机。1974 年 5 月，邓小平率团参加联合国大会第六届特别会议，周恩来总理特意嘱托带上《红旗渠》等 10 部纪录片，向世界人民展示新中国的建设成就。《红旗渠》安排第一个放映，旋即在西方社会引起了强烈反响。美联社当日评论：红旗渠的人工修建，是毛泽东意志在红色中国的典范……看后令世界震惊！红旗渠在联合国大会上的惊艳亮相，带来了无法估量的国际影响。据不完全统计，红旗渠建成后，先后有 119 个国家和地区的国际友人前来参观访问。红旗渠作为新中国的一张名片，以其独特的魅力吸引着全世界人民的目光。

在党和国家的推动下，红旗渠一步步走出了大山，逐渐为更多的人所熟知。与此同时，能够吃大苦耐大劳的建设者们也迈开了走出大山的脚步，来到更广阔的天地用勤劳的双手去创造新生活。红旗渠通水后，林县的农业生产条件发生了翻天覆地的变化，粮食亩产量突飞猛进，不少土地甚至实现了亩产千斤，缺吃少穿的日子渐行渐远。当“手有余粮”的目标基本实现后，解决“手有余钱”的问题又提上了日程，农闲时外出搞“副业”很快就成了林县剩余劳动力转移的首选。红旗渠建设期间培养的 5 万名工匠，3000 多名施工队长和技术员发挥了中流砥柱的作用，成为外向型建筑业的骨干中坚。

早在 1963 年，林县就专门成立了劳力管理组，负责组织劳力外出搞建筑，为红旗渠建设筹集资金。县里提取施工队工资总额的 2% 作为管理费，剩余部分的 90% 归集体，每 2.5 元或 2 元计一个劳动日，10%

红旗渠通水后，改变了人们昔日担水翻大山的窘况，看着人们在渠畔洗衣的笑脸，让人不得不对林县翻天覆地的变化感到欣喜。（拍摄/魏德忠）

喜看稻菽千重浪，渠水润泽庆丰收。（拍摄 / 魏德忠）

归个人作为激励。外出务工当年就挣回来了1800万元，有力地支援了红旗渠建设。1964年，劳力管理组专门在郑州、北京、山西、陕西等地设立建筑队办事处，负责协调建筑业相关事务。1965年，林县外出工匠人数已达3.1万人。“文化大革命”期间外出务工停滞，“文化大革命”结束后规模有所恢复。

红旗渠给了林县人民一个新的起跑线，改革开放则提供了一个再创辉煌的更大舞台。党的十一届三中全会以后，农村开始实行家庭联产承包制，释放出了大量剩余劳动力。伴随着改革开放的春潮涌动，林县建筑大军再次走出太行、走向全国。1979年县政府对外出建筑业提留重新进行了调整，规定集体、个人按外出收入总额7∶3的比例分成，极大地调动了人们外出从事建筑业的积极性。1980年县政府改革劳力管理组为建筑业管理处，同时成立建筑工程公司，并在14个省、市设立驻外建筑工程处。1981年县政府再次对外出建筑业的提留比例做出大幅调整，集体、个人按外出收入总额4∶6进行分成，上交集体部分每2.5元计劳动日一个，参与集体分配。1982年县委、县政府进一步放宽富民政策，把外向型建筑业确定为农民致富的突破口进行扶持，每年年终时县、乡、村三级分别召开表彰会，对贡献突出的建筑队给予奖励。1984年全县以乡为单位建立建筑业管理办公室和建筑工程分公司，县、乡、村按外出建筑业工资总额分别提取2%、3%、10%的管理费。随着激励政策不断放宽，原来的搞建筑“副业”转变成了搞建筑“企业”，逐步向正规化、企业化、市场化迈进。1985年全县共有施工队1681个，建筑业从业人数10.2万人，占总劳力的30.2%，总收入11129万元，占全县社会生产总值的15.6%。“十万大军出太行”，此时林县的建筑业已经成为全县经济的支柱产业之一。

凭着吃苦耐劳的精神和高超娴熟的建筑技艺，林县建筑队很快就在全国建筑行业闯出了名气。别人不愿意干的脏活累活，林县人二话不说抢着干，别人不敢干的急活难活，林县人干得又快又好。很快，全国建筑业内只要提起“林县建筑队”无不交口称赞，作风硬、工期短、质量高成了林县建筑队伍的标签。1985 年林县建筑队共承建建筑工程 1850 项，其中 640 项创全优工程。20 世纪 80 年代北京兴建的北京图书馆、中国剧院、国际饭店等“十大名优建筑”，林县建设队参建的就有 8 项。林县的建筑业已经由原来的农民增收的“副业”变成了致富的主业，青壮年劳动力季节性地穿梭于各大城市和家乡之间，用辛勤劳动的双手为林县赢得了“建筑之乡”的美誉。1989 年，林县被国家有关部门确定为全国首批劳务基地县。1992 年全县外出从事建筑业人员高达 13.5 万人，居全国之首，劳务收入达 4.5 亿元，人均收入 500 元，占农民纯收入的 60%，足迹遍布全国 22 个省、直辖市、自治区的 500 多个市县，甚至走进了南也门、科威特和俄罗斯。

林县人民奋力创造了红旗渠，红旗渠也悄悄地塑造了林县人民的性格。“火车不是推的，太行山不是垒的，红旗渠也不是吹的。”这句顺口溜流行于 20 世纪 80 至 90 年代的林县，所表述的意思就是当年修建红旗渠十分不易，是一锤一钎、真抓实干建成的。当然这话里话外也流露出了朴实的林县人遮掩不住的自豪感。很多林县人在总结建筑业异军突起的原因时都会情不自禁地说出类似的话：“红旗渠让林县人练了胆子、学了手艺、懂了管理，以后再遇到什么急难险重的工程，都敢接、都敢干，也都能干成。”这话听上去颇有点儿“会当凌绝顶、一览众山小”的味道，但仔细琢磨后也觉得不无道理。当年的条件那么艰苦和简陋，这些敢于站在悬崖绝壁上施工的人，还有什么活不敢接不敢干？林县的建筑队伍就是凭着在修建红旗渠中养成的这么一股敢想敢干、敢闯敢拼的精气神，从最苦最累的力气活干起，倔强地挤进了全国建筑市场，为自己赢得了一席之地，后来又坚定地迈开了走出国门的脚步。

问题就是旌旗所指，问题就是奋斗方向。在中国共产党的领导下，林县人民用 10 年之功，于 20 世纪 60 年代末建成了举世闻名的红旗渠，成功解决了困扰千年的缺水难题，同时开启了迈向幸福生活的奋斗征程。有了水就有了发展的底子，林县很快于70年代末初步解决了“饿肚子”问题，80年代末通过发展外向型建筑业初步解决了“钱袋子”问题，90年代初又怀揣“富起来”的梦想大兴工业奔小康。

外向型建筑业每年为林县挣回来大量资金，带动了经济社会文化各业发展，大大提升了人民的生活水平，但更重要的是让山里人开了眼界、换了思想，一些先进的理念和技术开始进入了偏远的林县盆地。“无农不稳，无工不富。”农业解决了吃饭问题，副业实现了手有余钱，但要实现“生活富裕”还要靠发展乡镇企业。

从20世纪80年代中后期开始，借助近邻山西的铁矿石和煤炭资源，林县的钢铁、汽车配件等产业迅速兴起。1990年林县县委、县政府适时做出《关于大力发展乡镇企业的决定》，全力推动乡镇企业快速发展。90年代中期，林县的汽车配件业已经形成产业集聚优势，巅峰时期全县汽配企业数量高达400多家，产量占有全国汽配零售市场1/3的份额，全国各大城市的汽配城里都活跃着林州人的身影，一些较大规模的企业甚至能够为一汽、二汽等大型国有车企配套。乡镇企业的异军突起，推动着农业化的旧林县向工业化的新林州快速迈进。2002年全市乡镇企业5401家，从业人员超过20万人，初步奠定了“工业立市”的发展格局。

1994年林县正式撤县改市，古老的林县从此进入了发展的快车道，经济、社会、文化、教育各业并举，城市建设发生着惊人蜕变，现代化的新林州大踏步走来。进入新世纪，富裕起来的林州市全力发展旅游业，努力把青山绿水变成“金山银山”，“红色”的红旗渠和“绿色”的太行大峡谷交相辉映，成为林州市最亮丽的城市名片。2006年林州市综合经济实力位居河南省第11位，相继获得“全省20个县域经济强县”“全省首批35个扩权县（市）”等荣誉。2012年，林州市综合经济

经过几十年的艰苦奋斗，如今的林州市已经变成美丽的山城，人民群众早已过上了“山区人民永无忧”的美好生活。（拍摄 / 彭新生）

水润林州（拍摄/彭新生）

实力跃居全省前10强。2018年12月4日，中国社会科学院财经战略研究院发布《中国县域经济发展报告（2018）》，林州市上榜全国县域经济投资潜力100强。2020年11月20日，全国精神文明建设工作表彰大会在北京召开，林州市被授予“全国文明城市”称号。

徜徉在现代化的红旗渠纪念馆里，看着满墙从黑白到彩色今昔对比的照片，我禁不住为这片土地上发生的一切而激动。我看到了一支支建筑大军走出了大山，散布于全国各地，扮靓了大城市，富裕了小家庭；看到了一座座工厂遍地开花、花开正艳，显示出勃勃生机；看到了红旗渠、大峡谷变成了金山银山，古老的林县转变为流光溢彩的现代化新城，人们的笑容越来越幸福，神态越来越自信。我不禁在想，为什么短短几十年的时间里，这个山区小县会发生如此巨变？

奋斗是永不停歇的追求，追求是与时俱进的奋斗。从林县人民拼搏进取的奋斗轨迹里，我看到了红旗渠精神的传承和光大，看到了中国人民奋斗的光与影、心和梦。

红旗渠建设者留下了一条“人工天河”流淌至今，同时也孕育、传承了“自力更生、艰苦创业、团结协作、无私奉献”的精神。

1965年4月5日，杨贵在庆祝红旗渠总干渠通水典礼大会的报告中强调，修建红旗渠的经验也是建设山区的经验，为了夺取大丰收，必须高举毛泽东思想的伟大红旗，继续发扬修建红旗渠总干渠的革命精神，鼓足更大干劲，戒骄戒躁，再接再厉，乘胜前进。其中“修建红旗渠总干渠的革命精神”的表述是有关红旗渠精神最早的正式文本，具有重要的标志性意义。

4月18日，《河南日报》发表社论《贺红旗渠通水》，高度赞扬林县人民的奋斗精神：“‘愚公移山，改造中国’。林县人民是社会主义时代的新愚公，是革命的闯将。他们不仅具有敢于改天换地、力争上游的雄心壮志和藐视困难、百折不挠、坚忍不拔的大无畏精神，而且还善于把革命热情和科学态度结合起来，通过革命实践认识和掌握事物的客观规律，运用事物的客观规律，去促进事物的发展，改造客观世界。”社论同时也批评了一些不良的现象：“在我们的队伍中，还有一些庸人，他们缺乏革命精神，不敢破旧立新，更不敢发明创造，整天庸庸碌碌，无所作为。人们没有干过的事，他不敢干；人家在试验的事，他只是观望一下，也不干；人家干成了的事，他强调自己的条件不同，还是不干。有些事情偶尔他们也跟着干了一下，别人认真地干、坚持地干，成功了，他却只是那么干一下，或者半信半疑干了一阵，失败了，从此不敢再干了。这是一种十足的懦夫懒汉思想，是与我们的时代要求格格不入的。”①

上述论述虽然已经过去了半个多世纪，话语表述也明显带有时代特征，但细细读来仍然具有启示意义。在我们的现实生活中，当然不乏真正干事创业的奋斗者，但也会有不少庸人懒人。有一句广告语我们都熟知：“人类失去联想，世界将会怎样？”同样的逻辑，“人类不再奋斗，世界将会怎样？”倘若人类真的有一天失去了奋斗精神，身上没有了“精神之钙”，那这个世界将不可想象。我想这可能就是今天的我们为什么要认真学习红旗渠精神的原因吧！

毛泽东主席对林县人民自力更生、艰苦奋斗的精神印象深刻。鲜为人知的是，1973 年的春天，毛泽东主席曾经提出想亲眼看看林县的“马列主义县委”带领人民在太行山上创造的奇迹。十分遗憾的是，他的红旗渠之行最后因为身体原因未能成行。虽然无法登临红旗渠，他还是让人找来纪录片《红旗渠》来了解修渠过程。观影中他非常高兴，边看边说：“你们看，走在最前面的那个大个子就是他们的杨贵书记，我见过他的！”观影结束后，他仍然意犹未尽，动情地对身边的工作人员说：“你们看到了，林县县委、林县人民，一不怕苦，二不怕死，才建成了

① 《河南日报》1965 年 4 月 18 日。

红旗渠，了不起啊！我们有了林县人民这种自力更生、艰苦奋斗的精神，建设好社会主义新中国就有希望了！”

这里我们不妨大胆地设想一下，如果在毛泽东思想指引下建成的红旗渠能够得到毛泽东本人亲自检阅，人世间是不是还会再添一首堪比《沁园春·雪》的豪迈诗篇？

对于后来人而言，气势宏伟的红旗渠就是一座取之不尽、用之不竭的“精神宝库”，值得我们去品味、去学习、去实践。1990 年是红旗渠总干渠通水 25 周年，中共林县县委、县人民政府 3 月 20 日专门做出《关于宣传、继承和发扬红旗渠精神的决定》，正式提出了“红旗渠精神”的概念，对其内涵意义、本质特征等作了深入总结，相应概括为“自力更生、艰苦创业、团结协作、无私奉献”四个方面。我个人认为，这一表述是对红旗渠精神最确切最权威的诠释。为宣传、继承和发扬红旗渠精神，林县县委、县人民政府决定于当年 4 月 5 日召开红旗渠总干渠通水 25 周年纪念大会。

红旗渠精神提出后很快就得到了中共河南省委、省人民政府的高度赞扬。在 1990 年 4 月 5 日举行的红旗渠通水 25 周年纪念大会暨红旗渠纪念碑典礼仪式上，河南省委副书记、副省长胡笑云发表了热情洋溢的讲话，高度赞扬林县人民修建红旗渠是震撼世界的伟大业绩，希望林县人民发扬红旗渠精神，为振兴经济、维护安定团结的政治局面做出更大贡献。4 月 7 日出版的《河南日报》也以《红旗渠精神激励林县人民创造新的业绩》为题发表长篇报道，盛赞红旗渠精神同雷锋精神、焦裕禄精神一样，都是激励人们前进的时代精神。媒体的深度报道，让沉寂多年的红旗渠开始走出历史的雾霾，重新擦亮红色光芒，亮相于全国人民面前。此后全国各地前来林县参观学习的人络绎不绝，努力从红旗渠精神中汲取奋斗的力量。

红旗渠精神逐渐成为奋发向上、拼搏进取的代名词。1991 年 1 月

5日，中共河南省委、省政府下发《关于开展向全省农业战线十面旗帜学习的决定》，正式把红旗渠精神列为全省的旗帜之一。1月25日李先念专门题词："发扬红旗渠精神，建设社会主义新农村。"1993年7月8日，《人民日报》发表《红旗渠精神光耀中原》，介绍林县"战太行、出太行、富太行"的创业"三部曲"，浓墨重彩地把红旗渠精神正式推向了全国。1993年8月29日，中共河南省委下发《关于学习林县人民创业精神的决定》，把林县人民的创业精神概括为解放思想、实事求是，自力更生、艰苦创业，自强不息、开拓创新，团结实干、无私奉献，号召在全省范围内开展学习林县人民创业精神的活动。如今来到林县参观红旗渠、学习红旗渠精神的人络绎不绝，大家都在努力寻找"精神如何转化为物质"的秘密。

1996年6月1日，时任中共中央总书记江泽民同志来到林州市红旗渠视察，欣然为红旗渠精神题词："发扬自力更生、艰苦创业的红旗渠精神"。这一题词后来被镌刻在青年洞上方的山体上，激励着林县人民和全国人民一起为加快建设社会主义而努力奋斗。

十一届全国人大四次会议期间，习近平同志在参加河南省代表团审议《政府工作报告》时指出："红旗渠精神是我们党的性质和宗旨的集中体现，历久弥新，永远不会过时。"2019年9月18日，习近平总书记在河南视察时强调，焦裕禄精神、红旗渠精神、大别山精神等都是我们党的宝贵精神财富，再次对红旗渠精神给予了高度评价，把学习红旗渠精神的热潮提升到了一个新高度。

2022年10月28日，习近平总书记在河南省安阳市考察时指出，红旗渠就是纪念碑，记载了林县人不认命、不服输、敢于战天斗地的英雄气概。要用红旗渠精神教育人民特别是广大青少年，社会主义是拼出来、干出来、拿命换来的，不仅过去如此，新时代也是如此。没有老一辈人拼命地干，没有他们付出的鲜血乃至生命，就没有今天的幸福生

林县人民凭借改天换地、力争上游的雄心壮志和藐视困难、百折不挠、坚忍不拔的大无畏精神，劈开太行山，引进漳河来。红旗渠水在高山的映衬下，波光粼粼。（拍摄/魏德忠）

活，我们要永远铭记他们。今天，物质生活大为改善，但愚公移山、艰苦奋斗的精神不能变。红旗渠很有教育意义，大家都应该来看看。习近平强调，红旗渠精神同延安精神是一脉相承的，是中华民族不可磨灭的历史记忆，永远震撼人心。年轻一代要继承和发扬吃苦耐劳、自力更生、艰苦奋斗的精神，摒弃骄娇二气，像我们的父辈一样把青春热血镌刻在历史的丰碑上。实现第二个百年奋斗目标也就是一两代人的事，我们正逢其时、不可辜负，要作出我们这一代的贡献。红旗渠精神永在！

红旗渠精神已经成为林县人民继续奋斗、不断进取的动力之源。在千军万马“战太行”之后，林县人民并没有就此止步，而是踏着改革开放的时代节拍再奋斗、再出发，谱写出了“出太行、富太行、美太行”的创业篇章，为红旗渠精神注入了“永远在路上、敢为天下先”的活的灵魂。

幸福不会自天而降，它是对奋斗者最好的奖赏。在无数个自力更生、艰苦创业的人群中，总有一些奋斗者的身影格外清晰隽永。他们的身上体现出了红旗渠精神的传承，他们不懈奋斗的身影值得我们称颂。

1948 年出生的李广元正好赶上了红旗渠收尾工程。他亲身经历了那一段光辉岁月，骨子里涌动着修渠人敢想敢干、永不停歇的精神气质。

担任村会计的他不甘心村庄永远这么贫穷落后，心里琢磨如何才能让乡亲们真正地富起来。当时村里除了种地没什么优势，唯一像样的产业就是一个铁匠铺，总共只有三盘打铁炉子。铁匠铺最红火的光景就是为红旗渠工地打造趁手工具的时候，但现在冷冷清清，只能偶尔为乡亲们打些农具。他一个人悄悄地外出考察市场，回来后毅然向村里提出要搞汽车配件。

乡亲们听后一片哗然，心里都在想这个人是不是疯了。全县汽车都没几辆，就咱们这三个破打铁炉子，居然也想给汽车配套？这不是在白日做梦吧！面对大家的质疑，李广元斩钉截铁地说："我领着干，成了，是咱们村里的，砸了，是我的。"

在大家半信半疑的目光里，李广元接手了铁匠铺，亲手点燃了林县汽车配件业的第一炉火。在改革开放的浪潮激荡中，小小的铁匠铺历经风雨一步步长大，很快发展成为赫赫有名的汽车配件龙头企业，并带动了周边村庄竞相兴办企业。

功成名就的李广元并不满足已经取得的成绩，又集中资源大举进军钢铁产业，从最初的钢铁冶炼开始，一步步扩展到特种钢材、无缝钢管、油井管等新领域。当年小小的铁匠铺，如今已经"凤凰涅槃"为年产优特钢 150 万吨、高端油井管 80 万吨、优质型材 40 万吨、总资产 22.02 亿元的河南凤宝特钢有限公司，成为全国民营 500 强企业、河南省百强企业、河南省百户重点企业。

"敢为天下先"的李广元已经成为林州市当之无愧的"钢铁大王"，但年过六旬的他并没有就此止步，又抖擞精神闯进了一个全新领域——电子级玻璃纤维制造。新成立的河南光远新材料股份有限公司坚持"起步与世界同步"，仅用 4 年时间就实现了从 9 微米、7 微米到 4 微米的跨越，迅速填补了省内空白，达到了世界先进水平。从"汽配大王"到"钢铁大王"再到"玻纤大王"，从李广元的身上我们可以看到自力更生、艰苦创业的精神在悄然流淌。

如今的林州市有一个"两颗小石子"的故事正在流传。2019 年 3 月，林州市税务局党支部开展"不忘初心、牢记使命"主题教育活动，全体党员深入基层农村"寻找最美修渠人"，感悟红旗渠精神。他们来到黄华镇庙荒村张书林老人家里，听老人讲当年的修渠故事。张书林老人穷苦出身，16 岁时就上山修建红旗渠，主要负责打钎，一干就是四年多。当时安全保护措施缺乏，流血受伤都是家常便饭，大家都是轻伤不下火线，每天都在拼命干。渠修好了，老人身上却永远留下了四

红旗渠精神营地是由林州市政府投资兴建的重点项目。营地建设有国际标准的“四营、五馆、十二场、二十四坊”主题教育场所，可容纳 5000 人同时食宿和开展研学、劳动、国防、传统文化等综合实践活动。红旗渠精神营地是立足安阳、辐射三省、面向全国、走向世界的国际性、国家级、枢纽型教育营地；是传播优秀中华传统文化和民族精神的“大本营”、全国大中小学生研学实践教育“主阵地”、国际大中小学生游学“目的地”。（提供 / 红旗渠精神营地）

处伤，受伤的膝盖始终不能正常弯曲，逢年过节再也无法给父母磕头拜年。

得知老人最大的心愿就是把腿治好能够给父母磕个头，党员们纷纷表示："您是英雄，我们愿意帮助您治腿，帮您实现心愿。"医生为张书林老人检查完身体后，建议住院接受手术治疗。此时村里正在开展美丽乡村建设，老人不想因为手术治疗而缺席这一大事，死活不同意住院。经过多次劝说，老人终于答应在工程告一段落后住院接受手术治疗。等村里美丽乡村建设基本完成时，老人才在大家的陪同下住到了市人民医院。最后医生从老人的膝盖处取出了两颗小石子。原来这才是造成他几十年膝盖不能打弯的原因。老人出院后感动地说："52 年了，今年过年俺终于能给爹娘磕个头了。"老伴本来想把这两颗"讨厌"的小石子扔掉，老人却认为这是红旗渠留给他的宝贵"财富"，坚决留下了这一特殊"勋章"。后来这两枚特殊"勋章"被林州市税务局珍藏了起来，用来教育党员、激励后人。"两颗小石子"既是红旗渠建设者的军功章，也是红旗渠精神流光溢彩的传承。

"立下愚公移山志，敢教日月换新天。"这是当年林县最激动人心的一个流行语，被人们大大地书写在山崖上、墙壁上，认真地镌刻在新建成的建筑物上，张扬着新社会改天换地的壮志豪情。上小学四年级时学校组织到红旗渠二干渠上的水电站参观，我无意中发现了这一口号。当时它就被镌刻在一道石阶的两侧，并不工整的字体里毫不遮掩地散发着一种豪迈气质，至今在我的脑海里清晰可见。当时我只是被它所吸引，长大后才发现其中大有出处。一个是来自毛泽东的名篇《愚公移山》，一个是毛泽东诗词《七律 · 到韶山》中"为有牺牲多壮志，敢教日月换新天"。当年的建设者就是用愚公移山的精神激励自己劈山造渠、改天换地，"立下愚公移山志，敢教日月换新天"就是他们共同的誓言，而今这一精神正在他们的后人们身上悄然传承。这些红旗渠后人努力在新时代的奋进协奏曲中建功立业、尽显风流，同时也用自己的奋斗经历诠释着红旗渠精神的当代价值。

无论是个人、单位还是社会，不管是顺境抑或逆境，都离不开强大的精神力量支撑。“自力更生、艰苦创业、团结协作、无私奉献”的红旗渠精神，对于任何一个不忘初心、怀揣梦想、积极进取的个人、企业、社会团体而言，都是值得深入学习并从中汲取力量的宝贵财富。我个人认为，一个人在有生之年一定要登一次太行山，上一次红旗渠，虽然它们并不高也算不上有多美丽，却蕴藏着无穷的力量给人以启迪。

精神上强大才是真的强大。在蹄疾步稳、追梦圆梦的新时代里，红旗渠精神必将焕发新的活力、创造新的奇迹。

党领导的艰苦卓绝的革命斗争取得胜利，让千百年来平凡如草芥的老百姓第一次翻身做了主人，长期的革命文化洗礼让沉默的山民有了“人定胜天”的信念。（拍摄 / 梁雪山）

第九章 何以功成

红旗渠精神同延安精神是一脉相承的，是中华民族不可磨灭的历史记忆，永远震撼人心。

——习近平

红旗渠到底有多长？

这是很多参观者想深入了解却又不好意思发问的一个问题。多数宣传材料只是笼统地介绍红旗渠全长1500公里，并没有给出一个清晰有力的解释，不免让人心生疑窦。

1500公里不是一个小数字，它从何得来，不要说外地人对此颇多疑惑，就是土生土长的当地人也未必能够说清楚。毕竟根据常识判断，从山西平顺到河南林县不过百十公里，林县南北长74公里，东西宽29.4公里，总面积不过2046平方公里，在如此有限的空间里，渠道再怎么百转千回，如何能累计上千公里？从北京到林县，中间横跨大半个河北省，路途也不过600公里。

这是一个不应回避却又常常被忽略的问题。回答这个问题之前，必须深入了解红旗渠是一条什么样的渠。

红旗渠并不是一条普通的引水渠，而是一个能引、能蓄、能灌、能排的综合性的水利灌溉系统。它的渠道既包括宽大的总干渠、干渠，也包括小一号的支渠（浇地4000亩以上的渠道）、斗渠（浇地500~4000亩的渠道），还有那些连接田间地头、密如蛛网更小一号的农渠（浇地500亩以下的固定渠道）和毛渠。沿渠还“长藤结瓜”兴建了一二类水库48座，塘堰346座，提水站45座，并利用渠水自然落差兴建有小型水力发电站45座。总之，红旗渠是一个蛛网式的自流灌溉系统，大大小小的渠道遍布山头、连接四野，如接力一般将浊漳河水汩汩地送到了地头，流进了田里。

要弄清楚 1500 公里的由来，必须耐着性子仔细梳理一下红旗渠的渠道构成和具体长度。

总干渠从渠首到分水岭全长 70.6 公里，渠底宽 8 米，渠深 4.3 米，在分水岭分成三条干渠。总干渠青年洞渠段已被纳入了红旗渠景区，每天与观光者亲密接触被人熟知，但三条干渠并非正式景点，分散于乡间僻壤并不为外人知。其中，第一干渠沿着太行山外侧的林虑山东麓自北向南延伸，全长 39.7 公里，渠底宽 5 米，渠深 3.5 米，最后与英雄渠汇合。第二干渠自分水岭向东南延伸，全长 47.6 公里，渠底宽 3.5 米，渠深 2.5 米，部分渠段随山就势略小一号。第三干渠向东延伸，全长 10.9 公里。此外，红旗渠灌区内还有 10 条干渠和分干渠，所有干渠加起来全长 304.1 公里；51 条支渠，全长 524.2 公里；290 条斗渠，全长 697.3 公里。上述总干渠、干渠、支渠、斗渠都属于规模以上的固定渠道，石砌浆灌、高大结实，总长度合计 1525.6 公里。以上就是我们熟知的 1500 公里红旗渠的来龙去脉。

如果加上斗渠以下 4281 条农渠，那么总长度达 2488 公里。如果再算上田间地头不计其数的毛渠，总长度甚至会超过 3000 公里。

发问红旗渠到底有多长的背后，其实隐伏着一个大大的疑问：一个贫穷落后的山区县，为什么能够在太行山上修成 1500 公里的大渠？

这是一个必须直面回答的问题。

要回答好这个问题，必须先从当年的领头人那里开始梳理。

人们都知道红旗渠由“马列主义县委”领导林县人民自力更生艰苦创业修建而成，领头的就是年轻的县委书记杨贵。提起红旗渠，“杨贵”无论如何是绕不开的。这个名字已经与红旗渠紧紧联系在一起，须臾不可分离。有人称杨贵为红旗渠的“总设计师”，还有人称他是红旗渠的“舵手”，外国友人则用西方人的方式称他为“红旗渠之父”。不管这些说法是否准确妥当，但所传达的信息却毋庸置疑，那就是杨贵对于红旗

杨贵扎根林县埋头工作长达 21 年，与林县县委领导同志深入基层倾听群众心声，聚焦林县“十年九旱、水贵如油”的发展难题，带领广大干部群众深耕细作、艰苦创业，终于引来了漳河水兴农惠民。（拍摄 / 魏德忠）

渠的重要意义。

仔细梳理红旗渠的历史，可以清晰地看出，如果没有杨贵的努力和坚持，红旗渠很难有机会赫然而出、惊艳于世，很有可能会中途夭折，最后于喧嚣中沉寂。“吃水不忘打井人”，时至今日，林县人民对杨贵仍然念念不忘，提及他时自然地饱含深情、倍感亲切，如同他就在身旁从来没有远去。

红旗渠精神研究会名誉会长，十二届全国政协教科文卫体委员会副主任、河南省政协原主席王全书认为，红旗渠的成功建成与杨贵身上的“可贵之处”密不可分。“为了人民修渠，依靠人民修渠”的人民情怀，“靠着彻底的唯物主义态度，靠着对党和人民的忠诚”的坚强党性，“无私无畏、敢想敢干、迎难而上”“重新安排林县河山”的担当精神，“行得端、立得正”“群众吃啥我吃啥”的清廉作风，这四大“可贵之处”精当地凝练了杨贵的主要特点，同时也体现出了人们对这位对党忠诚、务实为民的县委书记的认可和尊重，无疑是红旗渠研究方面的重要成果。

历史是人民创造的，但关键人物的杰出表现也至关重要。研究红旗渠成功建成的秘密，首先要从杨贵等关键人物身上开始。

经历是人生最大的财富。杨贵在人生最关键的青少年时期就受到党组织影响走上革命道路，带领群众与日伪敌顽作殊死斗争。他虽然年龄不大，但对敌斗争和基层工作经验丰富，从战火中历练出来的务实高效的作风能力，为他日后主政林县能够取得不俗成绩奠定了坚实的基础。

《和农村干部谈工作方法》一书是杨贵当年任县委书记时撰写的心得体会，从中我们可以更进一步了解他当时的内心和行动，了解红旗渠建设过程中的一些秘密。这本四万字的小册子语言朴实、内容生动、紧扣实际、论述深刻，是杨贵基于在林县的工作实践沥尽心血写就的有关农村基层工作的心得体会，虽说是半个世纪前所作，时代特点也很明显，但处处散发着浓浓地气，闪烁着思考火花，泛着务实为民的光芒，其思路方法对于当前党员干部如何履职尽责、做好基层工作仍然具有较大的启发意义。郡县治，天下安。每一位从事基层工作的党员干部，无论是躬身农村基层，还是服务城市社区，都值得花点儿时间读一读此书，一定会开卷有益。

先进人物和先进事迹需要仰视，但要有效掌握其背后的精神实质，必须走进主人公的内心世界，深入他所处的时代背景和社会环境，“近距离”观察他的所作所为，捕捉他一言一行背后的逻辑，甚至不妨尝试一下代入式的场景“穿越”，更好地增强现场感和同理心。

“如果我是杨贵，面对当年林县的环境条件，我会怎么想、怎么干？”

“如果我是当年的党员干部，我该怎么想、怎么干？”

“如果年轻时的杨贵穿越时空来到现在，面对如今的环境条件，他会怎么想、怎么干？”

杨贵扎根林县埋头工作长达 21 年，聚焦林县“十年九旱、水贵如油”的发展难题，带领广大干部群众深耕细作、艰苦创业，一心一意引水兴农，终于引来了漳河水惠及百姓，也留下了良好的口碑政声，深受干部群众爱戴至今。他的身上有很多闪光点，值得我们去认真学习研究。但是需要强调的是，杨贵身上的闪光点并非只是其个体特质，而是集中体现了从枪林弹雨中走出来的那一代优秀共产党员对党忠诚、热爱人民的共性特质。当这些特质成功地融入人民群众的汪洋大海中后，就迅速汇聚起、迸发出一种磅礴的力量，最后成就了红旗渠，也成就了他们自己。

林县是抗日前线、革命老区，1944 年 10 月就全境获得解放。在抗日烽火中逐渐成长起来的优秀林县儿女，积极恢复农业生产，搞好地方建设，支援全国解放事业。后来，马兴元、谷文昌等一批优秀党员干部参加南下长江支队，参与了解放东南、建设东南的艰苦斗争。他们有的牺牲，有的扎根基层，他们所表现出的忠诚、勇敢、坚韧、奋斗、奉献的可贵品质，闪耀着太行精神的伟大光芒，也与后来的红旗渠精神血脉相通。

“心中有党、心中有民、心中有责、心中有戒”的优秀县委书记谷文昌，就是其中的杰出代表。

谷文昌是林县石板岩乡人，一位大山深处的石匠，在党的教育引导下参加革命队伍，逐渐成长为一名优秀的基层党员干部。石匠天天与石头打交道，天然有一股子韧劲与巧劲，体现在工作中就是坚持实事求是，既有原则性又不乏灵活性。

东山岛解放前夕，国民党残部在败退台湾岛之前到处疯狂抓壮丁，仅有 1.2 万余户的东山县就被抓走了 4792 名青壮年。新中国成立后这些壮丁家属背负着“敌伪家属”的身份，政治上、生活上受到影响。时任东山县第一区区委书记的谷文昌认为共产党人要从实际出发对人民负责，建议县工委将“敌伪家属”改为“兵灾家属”。从“敌伪家属”到“兵灾家属”，一词之变改变了这一群体的政治身份，赢得了岛上人心，充分彰显了共产党员实事求是的精神和务实为民的担当。

在“大跃进”年代，上级要求大力推广水稻和地瓜密植。时任县委书记谷文昌认为上级的这一指示并不符合东山实际，实践中根本无法执行。在他的坚持下，东山县委决定坚持实事求是，不追求所谓“显绩”，切实维护群众利益，没有盲目推广水稻和地瓜密植，后来也没有开展“大炼钢铁”运动，为东山的发展保住了元气。

面对“沙滩无草光溜溜，风沙无情田屋休”的东山岛，谷文昌以“不治服风沙，就让风沙把我埋掉”的倔强，带领人民治沙造林。他经过艰苦试验，终于找到了种植木麻黄治理风沙的方法，率领群众“上战秃头山，下战飞沙滩”，苦战十几载，遍植木麻黄，最后筑起一道道绿色长城，把风沙遍布、沙进人退的东山岛一步步变成了富饶美丽的生态岛。东山的老百姓“看见木麻黄，想起谷文昌”，逢年过节“先祭谷公，后祭祖宗”，这样的口碑就是屹立不倒的丰碑。

与谷文昌不唯上不唯书只唯实一样，千里之外的杨贵、李贵、周绍先、秦太生等林县县委班子成员也不约而同顶住了“大跃进”和“浮夸风”压力。他们冒着政治风险不跟风不虚报，保住了林县发展的根基，也在不断摸索中找到了改变缺水面貌的办法。他们与谷文昌一样成长于太行山下，经受了太行精神洗礼，有着相似的秉性气质和人生经历：出身贫苦基层，深知群众疾苦，饱受战争苦难，历经战火淬炼，在党的教育下不断成长，有着强烈的务实为民的情感追求，能够坚持实事求是，工作中不求显绩，时刻维护着党和人民的利益。谷文昌、杨贵等人无疑是走在队伍前列的优秀代表，在他们的左右和身后，还有着许许多多像他一样平凡而伟大的共产党人。

“一个好汉三个帮，一个篱笆三个桩。”在杨贵的身后，有工地总指挥、副县长马有金，有后勤“大管家”县长李贵和秦太生，还有周绍先、李运保、王才书等一批优秀干部鼎力支持。这些领导干部都是在林县土生土长、从基层一步步成长起来的。他们紧紧地团结在一起，形成了一个坚强的战斗团体，站在了修渠队伍的最前面，后面紧跟着的是众多的共产党员，还有广大的人民群众。

如果要从他们中间选出一个最具代表性的人物，那么这个人非李贵莫属。

在红旗渠建设过程中，杨贵和李贵一个书记一个县长，工作中心意相通、合作默契，被老百姓亲切地称为“二贵闹太行”。李贵和谷文昌是同事、战友，务实苦干、不计名利的禀性气质也最为相似。可能是太行山人性格内敛、重行轻言的天性使然，再加上本地人认为报效桑梓本就是天经地义，李贵虽然在红旗渠建设中居功至伟，但随着时间推移，他的形象和事迹渐渐地被淡化。这样一位资历深厚、身居要职、肩负重任的关键人物，正是深入研究红旗渠必须重点着墨的对象。

李贵 1913 年出生于林县南部的临淇区社书村，自幼家境贫寒，只上过两年私塾，12 岁时给地主家放羊，后来还当过石匠、种过地。1942

一面是高山，一面是悬崖，供销社员工穿行在这窄窄的小路上，翻山越岭为大山深处的群众送来生活日用品，同时也创造了“扁担精神”。（拍摄／魏德忠）

年八路军来到林县开展抗日游击战争，他先后掩护八路军游击队，救治伤员，担任地下交通员，后来参加了林南县（当时林县分为林北县和林南县，林南县归国民党管辖）游击大队，任豫北游击大队临淇游击队副队长、队长。双手会打枪的李贵带领游击队昼伏夜出打击日伪军，镇压分化恶霸汉奸，在林南县影响很大。在 1943 年林南县灭蝗战斗中，他带领群众转战多地，最后取得了灭蝗胜利。1944 年，经时任林南县县长万达介绍，李贵加入了中国共产党，任林南县县委委员。其间他积极为八路军筹措粮款，多次组织慰问团把群众捐献的粮食、军鞋、蔬菜等物资送到八路军李达部、黄新亭部、皮定均部、李德生部等。

林县全境解放后，李贵积极参加土改，踊跃组织运粮队、担架队支前，积极动员青壮年参军参战。由于工作表现优异，李贵受到时任冀南行署主席杨秀峰点名表彰，被提升为东姚区区长、林县二区区长。1949 年林县县委响应党中央号召，由县委书记马兴元带领 129 名党政干部参加南下长江支队，李贵留在林县参与组建新的人民政府。1952 年至 1954 年任县委总支书记、县委秘书，1954 年任副县长，1956 年任县委副书记兼县长，1965 年至 1968 年任县委第二书记，1968 年至 1972 年任林县革委会副主任、核心小组成员，1972 年任林县县委书记，1976 年病逝。

红旗渠建设时期是李贵一生中的高光时刻，“二贵闹太行”在林县家喻户晓。上万人长年鏖战在太行山上，后勤保障是个巨大难题。李贵有着丰富的支前经验，先后担任过区长、县委办公室主任、书记处书记、县长、南谷洞水库工地指挥长等职务，管理经验丰富，在干部群众中威信很高，县委班子中又数他年龄最大，是当时做好红旗渠后勤工作的不二人选。李贵曾向杨贵提出想上红旗渠工地一线工作，杨贵以他身体不好为由留他做后勤工作，其实是认准了他是做好后勤工作的最佳人选。

红旗渠建设是一场持久战，真正拼的是物资钱粮，在当时物资极端缺乏的背景下，后勤保障工作的难度和强度并不逊于前方工地。做好后勤保障工作既需要“无中生有”的智慧，又要有勇于任事的韧性。李贵是本土干部，基层工作经验丰富，在当地深孚众望，有支前经验和统筹各方的能力，还与许多林县籍的南下干部有着深厚友谊，这些优势是其他人所不及的。他勇敢地挑起了这一千斤重担，兼任红旗渠后勤指挥部总指挥，最后带领后勤战线出色地完成了这一艰巨任务。

这里有四个字可以简要地勾勒出李贵当年的形象。

第一个是“嗯”。李贵分管财贸工作，管着全县钱粮兼红旗渠后勤，每天找他的人络绎不绝。每次红旗渠工地上来人要钱要物资时，他从来都是静静地听完，然后是不置可否地“嗯”那么一下，之后就打发来人回去。办事的人以为没戏，毕竟县长每天事务繁忙，门外找他的人天天排大队，怎么可能单单记得自己的事。但令人惊讶的是，还没等自己想起来去催，所要的钱和物资竟然一分不少地到了工地。原来李贵“嗯”的一声并非应付，而是认认真真应下了，脑子里正在飞速地想办法。

红旗渠建设实质上拼的是人力、物力和财力。当时正值经济困难时期，各种物资异常紧缺。计划经济年代，即便是手里有钱也买不来急需物资，但李贵管理的后勤战线却从来没有拖过后腿，其中付出的艰辛可想而知。李贵为人忠厚，面对困难时从不抱怨，“嗯”的一声应下来后，就会想尽一切办法去落实，即使没有条件也要努力创造条件去完成。“天不怕、地不怕，就怕李贵打电话”，这句当时广为流传的话一方面反映出了李贵雷厉风行的工作作风，另一方面也生动反映了后勤战线上所有部门、单位和个人的勇挑重担、殚精竭虑和竭诚奉献。

第二个是“急”。凡是红旗渠工地上的事李贵一刻也不耽搁，立刻办马上办。有一年冬天，供销社的一位干部带着一辆卡车从山西往回运输工地上急需的物资，到了平顺县城附近时车坏了，于是匆匆忙忙赶回来汇报。李贵二话不说喊了三个同志，拿上手电筒骑着自行车就往平顺县赶。当时的道路坑洼不平，大家一路颠簸，后半夜才赶到平顺，个个冻得瑟瑟发抖。李贵敲开老乡家的门，拿出一块两毛钱让老乡做了一锅热汤，大家喝了后身体才逐渐暖和了起来。天一亮，李贵骑着自行车到平顺县委协调了一辆车，及时把物资送到了红旗渠工地。

第三个是“严”。李贵对自己要求严格，一分一毫都清清楚楚。经常有老乡来找他反映情况、解决问题，顺便会带些土特产聊表心意。他不好意思当面拒绝人家好意，怕来人误解为不想办事，每次都以回信反馈为由，让对方留下详细地址，回头就让工作人员到市场上把东西卖掉，再把钱给老乡寄过去。单位每月派发公务招待用烟，他每次都把用烟情况详细地登记在本上，除了正常的工作招待外，自己一根也不舍得抽。如果上个月的烟剩下了，他就把本月的烟退回去。他经常告诫身边同志：“大家是人民的干部，啥时都不能忘本。给人民办事，天经地义。不能贪图一丁点东西，否则就是坏了良心。”

李晓红对父亲李贵的“严”也记忆深刻。小时候父母工作都很忙，经常无人照顾他。有一天他放学后进不了家门，等了一个小时后还不见大人回来，就跑到县委第四招待所找父亲。食堂师傅看到他过来，知道他肯定饿着肚子，就把招待客人剩下的饭菜盛了一碗给他吃。饥肠辘辘的他还没吃上几口，正好李贵经过，一个巴掌打了过去连声呵斥：“谁让你吃的，沾公家的光，影响多不好。”小孩子吓得哇哇大哭，食堂师傅也闹了个满脸通红。李贵问清饭钱应付数目，坚决把钱塞给师傅，连拉带拽把儿子带回了家，一路上还反复叮嘱以后不许占公家便宜。

第四个是“细”。红旗渠工地对席子的需求量很大，全县捐赠的席子送上去也是杯水车薪。李贵亲自跑到盛产芦席的泽下公社上庄村，动员群众专门编织篾子更细、间隙更小的二纹席。这种规格的席子用来打地铺能够防潮，用来搭帐篷也不会漏雨，用来装粮食不漏面还透气，特别适合工地上使用。他鼓励群众大量编织这种席子，由县里统一收购。工地上急需装石头的大号抬筐，但这种抬筐在农村平时用不上，根本没人愿意编织，市面上也买不到。李贵了解泽下公社有几个村素有编筐传统，就跑到村里一个个说服群众组织起来编筐。等群众编好了样品，他亲自上手抬东西做实验，然后指导作进一步改进。很多群众担心大抬筐编好了没人要，他就让供销社员工上门加价收购，同时注意做好群众思想工作，强调这也是为修渠做贡献，很快调动了大家编筐的积极性，有力地保障了工地所需。

还有一位被称为杨贵的“左膀右臂”的领导干部。张中和，1920 年出生于林县合涧乡道棚庵村，1938 年投身抗日斗争，1940 年任山西省壶关县游击队长，参加过多次战斗。1943 年加入中国共产党，组织群众反扫荡。他还组织创办了抗战剧团，1945 年出席了河北邯郸文艺座谈会，受到了周恩来、邓小平等领导同志的接见。新中国成立后，他先后任林县县委宣传部副部长、文教局长、公安局长、县委常委、县革委会副主任。

张中和长期奋战在林县水利事业一线，修建弓上水库、南谷洞水库时曾经担任过工地指挥长，是引漳入林坚定的支持者，敢打敢冲的急先锋。后来他负责筹建了钢铁厂、化肥厂、水泥厂，初步奠定了林县的工业基础。

“要干成事，就得豁出命来”，这是张中和的座右铭。他一直以此激励自己干工作要不畏艰难、迎难而上。修建南谷洞水库时，他日夜不离工地，忘我地工作。父亲病重，家里托人捎信让他回去，但工地上事务繁忙，无法抽身回家探望父亲。几天后传来父亲去世的消息，他急匆匆徒步回家，简单办完丧事后，第二天又急匆匆地赶回工地。1978 年 6 月 25 日，张中和与时任县委副书记路明顺、农业局局长郭文生、红旗渠管理处党委书记王重阳一起乘车赴山西省平顺县协调红旗渠水源事宜，途中发生车祸，不幸以身殉职。

杨贵、李贵、李运保、秦太生、周绍先、王才书、马有金、张中和……这些务实能干的党员干部虽然各有擅长、各具特点，但都有一些共性特征，那就是强烈的初心使命感，倔强的干事创业心，还有不达目标不回头的强大韧性。他们对党的事业无比忠诚，对人民的疾苦时刻关心，与人民群众打成一片，共同组成了一个求真务实、担当高效的战斗集体。他们的努力和坚持，推动了红旗渠及时上马、顺利推进，及至最后成功建成。

在我原本模糊的视野里，这些人的身影穿越了硝烟篝火，经受了雾岚洗礼，走过了山川河流，变得越来越清晰。我分明看到了他们质朴的笑容，听到了他们脚踏实地的脚步声，感觉到了他们沉稳有力的呼吸声。他们最吸引我的不是什么相貌衣着，而是身体里奔涌澎湃着的那股劲儿。这劲儿不是别的，而是淬过火、经过风、受过磨难后逐步养成的素质能力。

县域治理首先要有过硬的政治能力。过硬的政治能力不仅体现在能够把握正确的政治方向，更体现在任何情况下都能够坚持实事求是原则，牢记为人民服务宗旨，正确地执行党中央路线方针政策。无论是新中国成立后的“三年经济恢复时期”，还是继后的人民公社化、治山治水、农田水利基本建设，林县县委认真贯彻落实党中央部署，以极大的热情努力改变林县贫穷落后的面貌，各项工作走在了全国前列。1958 年“大跃进”“浮夸风”盛行的时候，很多地方“随风倒”“瞎指挥”，杨贵等人却不为所动，顶住压力据实上报小麦产量，避免了后来因为虚报而引发的过度征购。7 月的地里玉米已经 1 尺多高，上级要求砍掉玉米改种产量更高的红薯。县委认为节气已过，此时砍掉玉米改种红薯不符合实际，最后并未执行。“大炼钢铁”时林县与附近两个县成立指挥部，集中在林县炼钢，杨贵任指挥长。上级要求上 15 万人，杨贵为了不影响农业生产只让上了 5 万人。小高炉需要燃料，必须上山砍伐林木，杨贵坚持只让林县本地人去砍伐，并暗中指示只能砍灌木和不成材的树木，尽量避免破坏山林植被。秋收之后上级又号召开展深翻土地运动，规定土地翻不到 1 米深不准播种小麦，要求林县深翻土地 1.5 米以上 5 万亩，1 米以上 10 万亩，0.5 米以上 20 万亩，其余 0.3 米以上。杨贵等县委领导考虑到林县土薄石厚的实际，深翻三尺会把好土翻下去、石头翻上来，如果盲目执行不仅会耽误耕作农时，还会造成土质下降，最后决定变通执行上级要求，及时完成了小麦播种。第二年不少县因盲目深翻土地耽误农时、破坏地力导致粮食减产，有的甚至连向国家上缴公粮都成问题，但林县作为山区县却超额完成了征购任务，还储备了不少粮食。当毛泽东在新乡火车站询问林县大炼钢铁情况时，杨贵实事求是汇报：每天只能炼出“土铁”10 多吨，并非上报的 200 吨、300 吨钢铁，壮劳力都炼钢铁去了，麦子丰收了收不回来，等等。毛主席听后明确指示把大部分人撤下来收粮食、搞水利，只留少部分人炼小高炉。不久之后，中央开始着手纠正“大跃进”中各地的一些错误做法。“不跟风”“不合群”“不听话”的林县县委，实际上牢牢遵循着全心全意为人民服务的宗旨，践行着人民利益至上的理念，实事求是地贯彻党中央正确的路线方针政策，一切都是为了党的事业和人民的利益。领导干部在工作中考虑的是公多还是私多，决定着其政治能力的成色。

调查研究是解决实际问题、干事创业的前提。杨贵在《和农村干部谈工作方法》一书中生动论述了调查研究的重要性。“情况明，决心大，方法对，是做好任何工作的基本条件。但其先决条件是情况明。因为情况不明，不是下错了决心，就是办起事来决心不大；不是方法错误，就是方法不完全对头。只有情况明，才能决心大，才能方法对。这同一个医生看病一样，他总是先诊断后处方，即先了解病情再对症下药。没有先拿药再看病的医生，因为那样做是危险的。打仗也是一样，一个军事指挥员指挥作战，正确的部署来源于正确的决心，正确的决心来源于正确的判断，正确的判断来源于周到和必要的侦察。周到和必要的侦察也就是要搞细致的调查研究，弄清敌我双方情况，只有知己知彼，才能百战百胜。”这些实话白话闪着思想火花，透着真知灼见，是作者扎根基层、立足实践、理论联系实际得来的感悟。从杨贵在郭王度村蹲点的成功经历和后来主政林县的工作实践来看，注重调查研究是其干事创业的一大法宝。仔细回顾红旗渠的历史，无论是从前期酝酿、决策上马还是后来的开工建设，都可以清晰地看到深入群众调查研究的影子贯穿始终。

科学决策能力是一个领导干部的必备素质。林县县委具有战略眼光、大局意识，看得远、想得深，打大算盘、算大账，能够抓住机遇主动谋划工作。决策上马红旗渠时，县委坚持民主集中制，由集体讨论决定引漳入林，确保了思想统一、行动一致，调动积极性，凝聚战斗力。红旗渠绝不是“拍脑袋”“想当然”“喊口号”的产物，而是有着扎实的前期准备、缜密的整体思考、科学的施工管理和周密的工作部署。红旗渠总干渠占用了山西省平顺县部分集体土地，当地政府和群众多次表示不用给予补偿。林县县委当时已经认识到了土地使用权的重要性，坚持与当地公社、大队协商并签订协议，按照最高标准一次性给予补偿，获得了总干渠占用土地的永久使用权。总干渠上还特意为平顺县沿渠 11 个村庄留置了放水闸 24 个，建引水导洪管 7 处、提水站 7 处，受益面积 3500 亩。这些做法既巩固了双方的友谊，又有效规避了日后的纠纷风险。

干事创业必须要有改革攻坚的能力。想干大事容易，但能干事、干成事却不容易。困扰林县数百年的缺水问题无疑是一个难题，愿意直面和解决这一难题既需要极大的勇气，也需要超强的解决问题的能力。红旗渠开工前，县委曾有过“大战八十天，引来漳河水”“二月开工，五一回家”等乐观估计，但开工不久就暴露出战线太长、物资匮乏、技术力量不足、统一指挥不畅等诸多问题。杨贵很快清醒地认识到了问题的严重性，果断决定全线停工，召开会议解决问题。盘阳会议迅速扭转了人们盲目乐观的思想，调整了原有工作部署，树立了长期作战的思路，决定改全线铺开为分段施工，集中精力打歼灭战，先修山西段，最后稳扎稳打取得了成功。面对困难和挑战，党员干部是患得患失还是担当有为，是推诿责任还是直面挑战，是检验其党性成色的试金石。

干事创业还要有应急处突的能力。风险无处不在、无时不有。红旗渠开工后接连出现多起突发安全事故，总指挥及时总结经验教训，制定出“四十条安全制度”“二十七条安全决定”“八项安全纪律”等安全管理制度措施。同时认真做好工地安全教育工作，增强施工人员的风险意识，做好应对各种风险的准备。修渠经过谷堆寺、鸻鹉崖、鸡冠山三道天险时，工地上连续出现了三次恶性事故，一时迷信思想和谣言四起，说什么放炮惊动了“鸻鹉精”等，严重影响了施工群众的积极性。为了总结经验、稳定群众情绪，总指挥部果断决定暂停施工。县委领导深入工地和群众一同劳动，促膝谈心。召开党员、团员、积极分子参加的“诸葛亮会”，学习领袖著作，增强大家斗志，酝酿安全施工方案。县剧团和放映队来到工地演出、放电影，鼓舞群众士气。工地上成立了专业除险队，负责清除放炮后山崖上的浮石，消除落石风险。组织全县的精兵强将来到工地，集中力量开展大会战。经过 50 多天的会战，一举攻克了谷堆寺、鸻鹉崖、鸡冠山三道天险。

干事创业还要有较强的群众工作能力。群众路线是克敌制胜的法宝。为了发动群众治山治水，林县县委及时推广庵子沟经验，召开全县治山治水誓师大会，提出“苦战三年，重新安排林县河山”。红旗渠总指挥部在每个关键节点都要适时召开表彰总结大会，表彰劳动模范和先进集体，明确下一阶段奋斗目标，激励修渠群众的士气。“英雄渠”“红旗渠”“改云桥”“安全洞”“青年洞”等命名，都体现出了宣传教育在鼓舞人心、推动工作方面的重要作用。施工中遇到难题及时召开“诸葛亮会”，从群众中来、到群众中去，问计于群众，集思广益解决问题。党员干部坚持“五同”“六定”，充分发挥先锋模范作用，始终冲在前面，带动了群众奋发有为、努力争先。

干事创业更要有抓落实的能力。脚踏实地、真抓实干，稳扎稳打向前走，才能不断化解难题赢得工作主动。这一点在红旗渠上马和建设过程中有着充分体现。林县从解放之初就按照党中央要求不断地修渠、打井、建池塘水库、治理水土流失，相继建成了天桥渠、淅南渠、英雄渠、南谷洞水库等中小型水利设施，有效缓解了缺水难题，也为继后的红旗渠积累了宝贵的建设经验。红旗渠从决策到上马到建成的整个过程也充分体现了钉钉子精神。从 1959 年 12 月 5 日杨贵向上级领导汇报引漳入林设想开始，引漳入林工作就紧锣密鼓地向前推进。林县县委一方面向专署和省委写请示报告，一方面派人到山西协商沟通，同时积极做好发动群众和物质准备工作。在上级的大力支持和各方的无私配合下，短短的两个多月里，引漳入林工程完成了全部审批工作，并得到了山西方面的支持，成功地钉下了第一个“钉子”。之后县委带领干部群众集中力量、分段施工、以水促渠，一共打了六个战役，钉下了一个又一个“钉子”，终于建成了震撼世界的“人工天河”。

政治能力、调查研究、科学决策、改革攻坚、应急处突、群众工作、狠抓落实，这七种能力在红旗渠建设者身上得到了充分体现，也是他们干事创业、破解难题的法宝武器，值得我们聚焦更多的目光，恭恭敬敬地学习。红旗渠就是一个巨大的知识宝库，我们从中可以学习到催人奋进的精神，也可以联系实际领悟到更多的有益启示。

回望红旗渠，我们对它的未知永远大于已知。静下心来研究红旗渠，方能让我们更懂红旗渠，更好地感知红旗渠精神。

红旗渠为什么能够成功建成?

杨贵在 1965 年 4 月 5 日庆祝红旗渠总干渠通水典礼大会上的报告中对此有过一个总结。他认为之所以能够在短短的五年内完成红旗渠总干渠这样一个大规模工程，主要有以下四个原因：

第一，在党中央、毛主席的正确领导下，中南局、省委、地委从精神上、经济上、物资上、技术上给了很大支持，中南局、省委、地委的领导同志不断来到工地，从渠首到渠尾，在设计、施工、组织领导等方面给予了很多具体指示和大力支持。

第二，在总路线的鼓舞下，全县人民发扬了自力更生、艰苦奋斗的革命精神，依靠集体力量，自己修路、造工具、盖房子、烧石灰，闯过一个又一个的难关。县委提出了“重新安排林县河山”的奋斗目标，广大干部群众南征北战，从淇南渠、英雄渠、弓上水库来到红旗渠，白天干，黑夜也干，刮风天干，下雨天也干，冬天下了雪把雪扫掉再干，不叫一声苦，受伤不下工地，甚至献出了宝贵生命，表现了大无畏的革命精神。

第三，参加红旗渠修建的各级工程技术人员在整个红旗渠修建过程中出了很大力，发挥了高度的积极性和创造性。在工地工作过的工程师和技术员，不论是省里来的，还是专署来的，都和民工同吃、同住、同劳动、同商量，不管白天黑夜，还是刮风下雨，常年坚持在工地上。他们不仅敢想、敢说、敢干，而且能想、能说、能干，和群众一起设计施工，创造了很多先进工具和先进经验，如明窑烧灰法、空运线、转盘罐车等，几倍几十倍地提高了工作效率，大大减轻了群众的劳动强度，节省了很多劳力。

第四，兄弟地区和兄弟单位的支援是一个很大的鼓舞。像山西省委、平顺县委、王家庄公社党委、石城公社党委以及沿渠大队的干部、群众，给我们的帮助很大，待我们像一家人一样。洛阳矿山机械厂、安阳钢铁公司、安阳市委、白壁棉场、解放军 9890 部队等都对林县有过很大的支持。总之，在修建红旗渠中，兄弟县和兄弟单位处处给予我们方便，表现了高度的共产主义风格。

杨贵代表县委所总结的红旗渠修成的原因，可以简要概括为上级的指导支持，全县人民的自力更生、艰苦奋斗，各级工程技术人员充分发挥积极性、创造性，兄弟地区和单位的大力支持和援助。上述原因无疑是正确的，但更多的是从当时县委工作的角度对来自各方的努力和支持给予肯定和感谢。要比较全面地回答“红旗渠为什么能”这一问题，我们可以在上述四个原因的基础上再作进一步延展。

在 20 世纪 60 年代，工程技术和物质条件十分落后，林县人民仅靠

红旗渠的成功建成离不开兄弟地区和单位的帮助。在修渠工地上，解放军战士和群众一起奋力劳动，军民鱼水情深。（拍摄 / 魏德忠）

人力、炸药和简陋的工具，在太行山的绝壁悬崖上一锤一钎地劈山修渠，其施工之难、工程量之大，远超出今天人们的想象。建设红旗渠历时近10年，前后有30多万人上山接力修渠，后方还有不计其数的人们在默默地全力支援，如此浩大的工程注定是一个人力、物资、技术、管理等诸多要素高度配合、有机整合的综合系统，绝非一句“人定胜天”就能够解释清楚的。深入研究“红旗渠为什么能”，无疑是一个极具历史性和现实性的课题。

在我看来，红旗渠为什么能够成功建成？首先应归功于党组织的有力领导。党中央兴修水利和加快山区建设的指示为林县人民治山治水指明了方向，林县县委班子在这场战天斗地中起到了定盘星、主心骨的作用。红旗渠的成功建成，离不开林县县委的有力领导。县委班子成员成长于抗日烽火和解放战争，成熟于社会主义建设时期，充分体现出了老区干部能打硬仗、能打胜仗的过硬作风。1965年12月18日《人民日报》头版头条刊发的长篇通讯《党的领导无所不在》明确指出：“林县人民的革命精神，是在林县县委和各级党组织的领导下树立起来、坚定起来的。林县‘马列主义县委’实行党的‘一元化’领导，充分发挥县委‘战斗司令部’的作用，坚持书记挂帅、全党动手、全民动员，形成了领导干部与群众同吃、同住、同劳动、同学习、同商量的工作机制，确保了上下齐心、万众一心修渠。”在红旗渠建设期间，党的领导无处不在，成功地将全县的人力、物力、财力有效集中起来，发挥出最大效应。无论是党团组织的高效运转，还是党员干部先锋带头作用，党组织始终像吸铁石一样牢牢地凝聚着整个修渠大军的意志力和战斗力，党员干部走在了队伍的最前头，人民群众紧随其后汇成了顽强拼搏的强大洪流。

红旗渠充分体现了集中力量办大事的制度优势。邓小平同志指出：“社会主义国家有个最大的优越性，就是干一件事情，一下决心，一做出决议，就立即执行，不受牵扯……没有那么多相互牵扯，议而不决，决而不行。就这个范围来说，我们的效率是高的，我讲的是总的效率。这方面是我们的优势，我们要保持这个优势，保证社会主义的优越性。”[①] 集中力量办大事的制度优势，在红旗渠上体现得淋漓尽致。红旗渠的成功建成，离不开全县“一盘棋”的组织协调，离不开渠上渠下各部门各单位之间的紧密配合、无私支援，离不开各公社大队干部群众的团结协作、无私奉献，离不开所有工程技术人员的聪明智慧和默默付出，离不开河南省委等各级党委政府的指导支持，还有山西省委、平顺县委和当地人民的慷慨支持，以及全国无数个兄弟单位的大力帮助。正是社会主义制度的优势汇集起了上上下下、四面八方的资源力量，凝聚成为改造山河的磅礴伟力，合力创造出一个人间奇迹，最后让勤劳勇敢的林县人民有机会完成“劈开太行山、漳河穿山来”的壮举。

红旗渠是人民群众自力更生、艰苦创业的典范。“自力更生是法宝，众人拾柴火焰高。建渠不能靠国家，全靠双手来创造。”红旗渠动工于三年困难时期，但林县县委立定目标、坚定信心、迎难而上，不等不靠不要，带领广大干部群众自力更生、勤俭建渠，最后在太行山上创造了奇迹。物资能节约尽量节约，工具“以土代洋”充分利用，所有资金要精打细算。抬土石的抬筐上山割荆条自己编，坏了自己修补，实在不能用了用作燃料。“五尺钢钎变短钎，短钎变成手把錾，手把寸铁不能丢，送到炉里重新炼，炼成大锤返前线。”用完的炸药箱子还要把钉子起下来，用来钉制其他工具，箱板要做成灰斗、车厢、水桶等许多用具。炸药花钱买太贵，自己想办法自制，大大节约了资金。自制的钢钎硬度不够、不堪大用，铁匠们就把好不容易从部队里获得的 3000 根优质钢钎每根截成三段，然后打成钢钎头，焊接在自制钢钎上，变成了 9000 根优质钢钎。工地粮食不足，就到外地采购别人不吃的红薯干、木薯干，甚至把喂猪的红薯秧也顺手买回来当作蔬菜充饥。采购人员还千里迢迢到福建和广东湛江购买骨粉，运到湖南换成碎大米再运回来。各公社大

① 《邓小平文选》第 3 卷，人民出版社 1993 年版，第 240 页。

队也最大限度地支持工地建设，老百姓省吃俭用，从牙缝里省出粮食，全部送上工地给亲人们吃。全县所有干部勒紧裤腰带，每月硬是从29斤口粮中挤出2斤粮食支援修渠。

从1960年2月开工到1969年7月支渠配套竣工，红旗渠总投工3740.2万个，总投资6865.64万元。其中，国家投资1025.98万元，占14.94%，县社队投资5839.66万元，占85.06%。截至1966年4月总干渠和三条干渠工程竣工，共用水泥6705吨，其中自制5170吨，占总用量的77.1%；共用石灰14.5万吨，全部由自己烧制，节约投资232万元；使用炸药2740吨，自制1215吨，占总用量的44.3%，节约投资145.8万元；技术革新节省投资797万元；工具自己修造，节约投资113.36万元。数据是枯燥的，但数据背后的奋斗故事却是感人的，它真实地反映出红旗渠就是一条自力更生的渠、一条艰苦创业的渠。可以说自力更生、艰苦创业就是红旗渠活的灵魂。

红旗渠是人民群众战天斗地的伟大创造。党领导的艰苦卓绝的革命斗争取得胜利，让千百年来平凡如草芥的老百姓第一次翻身做了主人，长期的革命文化洗礼让沉默的山民有了“人定胜天”的信念。红旗下的人们有了思想武装，他们坚信劳动可以改变命运，双手能够创造美好生活。为了引漳入林改变缺水的命运，他们甘愿住石崖、宿山洞、吃粗粮，甚至挖野菜、捞水草、吃树叶。人们斗志昂扬、劈山造渠，有条件要坚决上，没有条件创造条件也要上，工具自做，口粮自带，石灰自烧，水泥自制，炸药自造，建材就地取，技术干中学，办法大家想。有这样能吃大苦、耐大劳、敢牺牲的群众，还有什么事业不能成功？

红旗渠也是一条闪耀着创新创造精神的渠。红旗渠开凿在悬崖峭壁上，蜿蜒曲折绕山而行，把遥远的浊漳河水引入林县大地，既离不开工程总指挥杨贵跳出县域找出路的创造性决策，也离不开总指挥长马有金、技术员吴祖太、“除险队长”任羊成、“神炮手”常根虎、“凿洞能手”王师存、农民水利技术员路银等建设者在实践中的创新创造。比如，为了解决渠道与河道在同一平面交叉的矛盾，别出心裁地设计建造出“坝中过渠水，坝上流河水”的空心坝，让渠水不犯河水；桃园渡槽设计成“槽下走洪水、槽中过渠水、槽上能行车”的“桃园渡桥”，“简易拱架法”省工省料还提高工效；山腰上垒砌渠道需要大量物料，于是用土法上马架起“空运线”，把石灰、沙、水等从山下直送山上工地；建造渡槽、涵洞时没有起重机，就创造出简易实用的“土吊车”上下吊送物料；开渠凿洞挖出大量石碴，就沿山修建梯田，沿渠修建道路，既解决了废渣压地问题，又可以“以渠带路”“以路带林”；修渠石灰用量巨大，改进“明窑堆石烧灰法”，紧挨着工地露天烧石灰，既解决了工地用石灰难问题，又节省了成本、运力；买不起炸药便多积牛粪等有机肥，省下化肥硝酸铵，按比例配上锯末、干牛粪、煤面碾碎后制成炸药，既节约资金，威力也不小。这些平凡的建设者用勤劳智慧的双手创造了不平凡的业绩，同时也留下了一条创新创造的渠。1978 年 9 月，红旗渠工程荣获全国科学大会科技成果奖，可谓实至名归。

红旗渠还是一个管理学优秀案例。红旗渠工地点多线长、人员过万，如何有效管理是一个大课题。县委从县直机关和公社抽调干部 115 人，成立了红旗渠党委会和总指挥部，健全了各级各类组织机构，明确了各自职责任务，实现了对修渠工作的统一领导。各部门各单位通力合作，个人服从集体，局部服从全局，后方支援前方，形成了一个高效协作的战斗集体。总指挥部下设办公室和工程、财粮、治安保卫、物资供应、宣教卫生、工交邮电、保管等科室。各个公社大队实行军事化管理，组建营、连、班组，统一指挥、分工协作。总指挥部按照“谁受益谁负担”的原则，采用劳动定额制与承包制，按红旗渠受益面积合理确定各公社大队的工程任务包工，提出明确的工程规格、质量标准和工期要求，同时定额补助粮食及生活费用。各公社大队根据自身情况自行统筹安排劳力和工具设备，保质保量按期完成施工任务。各公社层面将施工任务层层向下分解，一直分到劳力组和个人，实行多劳多得工分，多劳多补粮食。这种按受益面积分担建设成本、分段包工、定额承包、多劳多得的管理方式，体现了整体利益高度一致下的对局部利益和个体利益的充分尊重，充分调动了社队和群众的积极性和创造力。特别是修渠群众能够凭借劳动表现获得粮食补贴、工分和生活费，多劳还可以多得，暗合了“按劳分配、多劳多得”的改革精神，非常具有创造性。这一管理体制机制体现了目标导向和效率优先原则，保证了整个修渠大军如臂使指、高效运转。

总指挥部制定了海量的各类纪律和制度文件，建立了收支留据、笔笔可查的规矩，把进出的财物都“关”进了制度的笼子里。所有物资实施分类管理，物资调度、发放都有严格程序，每一笔账目都精细到了小数点后两位。如根据石头密度不同，严格规定炸药的使用量要求，鼓励节约，超用不补。爆破实行定药、定方，要求每公斤炸药平均开石必须达到 10 立方米以上。粮食、奖金补助的发放程序非常严格，根据记工表、伙食费、工伤条等单据对照执行，杜绝了虚报冒领的可能。依靠严格的精细化管理，确保了每一分钱、每一件物资都能够得以充分利用。

红旗渠更是一个充分发挥人的主观能动性的生动实践。“在党内和人民群众中，肯动脑筋、肯想问题的人愈多，对我们的事业就愈有利。干革命、搞建设，都要有一批勇于思考、勇于探索、勇于创新的闯将。”[①] 杨贵在《和农村干部谈工作方法》一书中论述道：“从实际出发的目的，正是为了改变实际的状况。人不能甘心做客观实际的奴隶，而要做客观实际的主人。这就是既要尊重客观实际，又必须重视人的主观能动作用。”“我们强调从实际出发，正是为了正确地认识客观实际情况，从而更好地发挥主观能动作用。思想符合实际，只能使人们的工作、斗争、办事情有成功的可能。要使这种可能变成现实，还需要人们去做，这就是加上人们的劳动和斗争，也就是加上人们的主观努力。不做这种主观的努力，再好的客观条件，只能是客观条件；再多的可能，也不能

① 《邓小平文选》第 2 卷，人民出版社 1994 年版，第 143 页。

红旗渠干部学院（提供/红旗渠干部学院）

红旗渠干部学院位于河南省林州市，2013 年 8 月建成开始承接培训，是一所集精神传承、党性教育、宗旨践行为一体的特色党性教育基地。学院秉承“传承红旗渠精神，增强党性修养”的办学宗旨，围绕特有的红旗渠精神资源和周边红色教育资源，打造了一批主题突出、特色鲜明的涉及理论、现场、体验和互动的教学课程，形成了以学习贯彻习近平新时代中国特色社会主义思想、红旗渠精神及其当代弘扬传承为主线的党性教育课程体系。

建院以来，成功举办中央党校、中联部、中组部、中央政法委、外交部、教育部、国家信访局、国防大学、清华大学、北京大学和中国运载火箭、中国船舶等各级各类班次培训 5600 余期，培训学员 31 万余人。先后被中组部列入干部党性教育基地备案目录，确定为中央国家机关爱国主义教育基地、中央党校（国家行政学院）公仆意识教育基地、中组部全国组织干部学院现场教学基地、国防大学现地教学基地、中央团校党性教育基地、河南省委组织部干部教育培训基地等。（提供 / 红旗渠干部学院）

红旗渠廉政教育学院位于全国廉政教育基地的河南省林州市红旗渠畔，是河南省唯一以红旗渠廉政教育为主题的培训机构。占地面积220亩，总建筑面积约5万平方米，分为培训区、住宿区和休闲活动区。红旗渠廉政学院秉承“传承红旗渠廉政思想，增强党员干部廉政修养”的办学宗旨，把红旗渠无形的、隐藏的廉政思想、廉政制度、廉政行为变为有形的、显现的教学内容，以生动形象的现场教学形成了独具特色的廉政教育培训课程体系。（拍摄 / 付渊昊）

成为现实。”红旗渠建设并非仅凭一腔热血苦干、硬干，而是一个秉持科学态度，不断提出问题、解决问题、发现难题、解决难题的拼搏创新的过程。正所谓“爱拼才能赢”，敢想敢干才有可能成功。红旗渠正是充分发挥人的主观能动性的产物，是“精神变物质”“人定胜天”的生动实践。

在党的领导下，林县人民以愚公移山、精卫填海的气魄重新安排林县河山，同时孕育出了“自力更生、艰苦创业、团结协作、无私奉献”的红旗渠精神。红旗渠并不仅仅是一条物质意义上的石砌水渠，而是一条承载着价值追求、凝结着勇气智慧、蕴含着创新创造、流淌着奋斗气质的精神之渠。

人们学习红旗渠精神时往往容易陷入两个误区：一个是光看渠不学精神，另一个是光学精神不学渠。红旗渠是人民群众奋斗实践的产物，我们自然不能予以“神化”，因为“神化”容易出现过多的仰视，而一味仰视并不利于我们学习。只有科学理性地“正视”红旗渠，结合实际“身临其境”领会其精髓，才能有“道”可依、有“法”可循、学有所获。面对宏伟的红旗渠，我们既要学其成功之“道”，努力在精神层面提升境界、强基固本，也要学习其实践之“法”，如解决实际问题的思路、高效工作的方法、创新创造的勇气、不屈不挠的精神，以增长本领、提升能力。

如今，每年有超过 20 万人到红旗渠接受红色教育培训，其中，不少是来自国外党政机构的学员。他们千里迢迢来到这里，就是希望找到中国共产党为什么能、中国为什么能的秘密。仔细端详红旗渠，可以发现它的身上既有中国的过去，也有中国的当下，还可以从中管窥中国的未来。向红旗渠学习，能够回答我们从哪里来、走过了什么路、手里有什么武器、靠什么去开创未来等一系列问题。

在这一意义上，红旗渠既是历史答案，也是时代考题。

“为什么要”“为什么敢”“为什么能”，“红旗渠三问”为我们掌握红旗渠的精神实质提供一个清晰的线索。正是因为广大干部群众坚持“自力更生、艰苦创业、团结协作、无私奉献”，红旗渠才能够最终成功建成。60年前的红旗渠建设者，手里拿着简陋的工具，就敢于在太行山上劈山造渠，最后在无比恶劣的条件下创造了奇迹，如今的我们，被现代化技术武装起来的后浪们，还有什么理由不奋进，还有什么险滩不敢闯，还有什么山峰不敢攀登？学懂弄通用好红旗渠精神，我们干事创业还有什么不可能？

每个人的心中都应该有一条自己的“红旗渠”，每个人都应该创造出一条属于自己的“红旗渠”，因为我们正处在一个呼唤创新创造同时也能够创造奇迹的新时代。

“数风流人物，还看今朝。”

结语
山腰上的中国

40 多年前，一部外国人拍摄的名叫《中国》的纪录片曾经在国内外引起了一场轩然大波。1972 年，年近六旬的意大利现代主义电影导演米开朗琪罗·安东尼奥尼受邀来华拍摄纪录片《中国》。中方为其精心安排了参观路线和拍摄对象，如古老的北京、河南林县的红旗渠和集体农庄、古城苏州和南京，以及现代化的上海。1973 年《中国》在意大利罗马首映，很快在西方世界引起了巨大反响，却在中国掀起了一场持续多年的全国性批判运动。

这部长达 3 小时 40 分钟的大型纪录片以西方人“客观”的视角记录了当时中国的社会场景和中国人的生活日常。导演把更多的镜头对准了微观场景和个体，试图揭示中国社会“真实”的一面，却忽略了中国人邀请他们来华的初衷：希望他们向西方社会反映新中国发生的社会巨变和中国人焕然一新的精神面貌。如导演对中方寄予厚望的红旗渠只用几个简单的画面和寥寥数语带过，却将镜头更多地对准老百姓破旧的衣着、腼腆的神情和不起眼的村庄生活。双方在艺术理念和文化观念上的差异，最后表现为一种文化上的冲突。安东尼奥尼回顾《中国》时曾说过，“我没有坚持去寻找一个想象中的中国，而是把自己交付给了能看

到的现实，我觉得是做对了”。但是当年接待他的人都认为，他不关心那些好的方面，却总是拍一些不好的东西。

安东尼奥尼无疑是一位优秀的电影导演，来自西方世界的他，自然更容易被异质化的东西所吸引，想当然地认为他眼睛里看到的就是所谓的“真实”。他没有时间去深入了解这个民族的历史，没有机会去触摸这个民族的灵魂，自然无法体会这个经历了千辛万苦好不容易“站起来”的东方民族渴望得到应有尊重的情感是何等强烈，只是习惯性地从“西方中心主义”出发，去记录这个“神秘”国度的微观细部，捕捉那些“隐匿”的线索。

我们无意苛责一位西方导演不懂中国的历史和国情，他既非历史学家，也不是社会学者，只是用西方新闻专业主义的眼光，去记录他所认为的“真实”。不过，他可能没有意识到，新中国成立后翻天覆地的巨变，才是这个有着悠久历史、饱受外侮欺凌的国度里发生的最大的真实。他无从体会这些“翻身”后“当家做主”的人的内心世界，也感受不到“一万年太久，只争朝夕”建设新社会的时代主旋律。当他习惯性地把目光投向那些不起眼的地方或犄角旮旯时，无意中也错过了深入揭示这个东方大国内生力量的机会。

尽管如此，纪录片《中国》仍有值得称道之处。感谢安东尼奥尼当年用专业的态度和一流的影像技术，细腻地记录了 20 世纪 70 年代中国的方方面面，留下了珍贵的影像资料，让今天的我们得以跨越时间长河，近距离一睹当年的中国和前辈。

时间可以淡化分歧，也可以平复当年复杂的心情。站在 21 世纪的当下，平心而论，其实当年双方都没有错。如果说真有错的话，那就是当时双方所处的社会发展阶段不同，文化观念差异太大。当时的中国与意大利相比，的确存在着巨大的经济落差和社会文化差异，由此造成的认知错位很难让彼此深入理解、求同存异。半个世纪后，当富起来的中国人频繁亮相于世界舞台上时，过去的鸿沟似乎不是不可逾越，彼此之间求同存异也并非没有可能。经济上的繁荣大大增强了中国人的文化自信，让中国人面对外来事物和不同声音时心态越来越平和。越来越多的人认识到：中国就是中国，既不是西方人眼里的东方，也不会是东方人眼里的西方。

发展才是硬道理，这是一个颠扑不破的真理。当年接待安东尼奥尼一行的林县大菜园村年轻的支部书记，如今已是一位耄耋老人。抚今追昔，如今的大菜园村已经是林州市区的一部分，高楼鳞次栉比，道路四通八达，早已不是影片里的落后模样。经过这么多年的奋斗，大家已经用双手创造出了美丽的村庄。面对记者的采访，老人自信地发出了邀请，真心地想让安东尼奥尼看看自己现在过的日子。可惜的是，老人这一真诚的邀约已然不可能实现，因为安东尼奥尼已于 2007 年离开人世。假设他真有机会来到林州市故地重游，面对眼前的这些变化，我想他一定会重新陷入思索：这里是中国？为什么会是中国？

为中国人民谋幸福、为中华民族谋复兴，这是中国共产党的初心和使命，早已经写在旗帜上，镌刻在道路上，激励着一代又一代共产党人砥砺前行。当毛泽东在天安门城楼上向全世界宣布中华人民共和国中央人民政府成立，标志着中国人民从此站起来了，而“富起来”“强起来”就成了全体中国人民不懈奋斗的新目标。这一期间，有辉煌，也有顿挫，有风雨，也有波折，有热泪，也有彷徨，但中国人民前进的目光始终坚定，奋斗的脚步永远向前。

2012 年 11 月 29 日，习近平总书记在国家博物馆参观《复兴之路》展览时强调，到中国共产党成立 100 年时全面建成小康社会的目标一定能实现，到新中国成立 100 年时建成富强民主文明和谐的社会主义现代化国家的目标一定能实现，中华民族伟大复兴的梦想一定能实现。现在，我们比历史上任何时期都更接近中华民族伟大复兴的目标，比历史上任何时期都更有信心、有能力实现这个目标。

习近平总书记将我们的奋斗目标凝练为“中国梦”，激励着所有中国人更加奋发有为，努力追梦圆梦。70 年筚路蓝缕、40 年改革开放，已然开创出“百年未有之大变局”，如今的中国已经成为世界第二大经济体，正在由世界舞台的边缘走向中央，也越来越接近实现“两个一百年”目标和中华民族伟大复兴的中国梦。如今我们越来越认识到中国梦已然不仅是一个美好愿景，而且是一个越来越近的现实图景。

如果把实现中华民族伟大复兴的奋斗目标比作一个高峰，那么滚石上山的中国此时恰好处于半山腰。第一个百年目标已经实现，第二个百年目标仰望可见，现时的中国比以往任何时期都更接近峰顶，也更有信心和能力登顶。

但是，越接近峰顶，来自方方面面的风险就会越来越多，所遭遇的困难和压力也会越来越大。山腰上会有寒风冷雨，时不时也有明枪暗箭，一些不怀好意的外部力量会主动制造麻烦，想尽一切办法阻拦中国前进的脚步，试图打乱中国发展的节奏，甚至想压迫中国重回山脚、匍匐在地。历史的经验和现实的启迪清晰地警示着我们，山腰上的中国没有退路只能前行，脚步不可放缓只能稳步上前，所有中国人必须以决然的勇气、非凡的韧性，去努力完成奋斗的后半程。

山腰上的中国，更需要强壮的筋骨和坚韧的精神！

这就是如今为什么要重提红旗渠的原因！

林县是中国的一个缩影。它地理上不东不西，文化上不南不北，经济上不上不下，历史上饱经沧桑苦难，近代也是灾难频仍。它自然禀赋一般，有深山区，也有浅山区，有丘陵，也有盆地，既有悠久历史，又是革命老区，还是社会主义建设的一面旗帜，正好具备个案研究的价值，可以作为中国大多数乡村的代表。如果说新中国的诞生和发展是一场波澜壮阔的历史大剧，那么林县解放后所发生的一切，无疑是新中国最生动的一个缩影。

60 年前，在新中国最困难的时期，林县县委带领全县人民，立定目标，不畏艰险，劈山引水，凿壁穿石。历时 10 年，在高高的太行山上筑成了一条千里石渠，创造了人间奇迹，同时也树起了一面“自力更生、艰苦创业、团结协作、无私奉献”的精神旗帜。物质意义上的红旗渠屹立于太行山腰，充分彰显了新中国建设者的力量与气质，而精神意义上的红旗渠，则传承了中华民族不畏艰险、不懈奋斗的奋斗精神，诠释了自力更生、艰苦奋斗的时代旋律。穿山越岭、蜿蜒盘旋的红旗渠，就是山腰上的中国最为形象生动的展示。

一个民族没有灵魂，注定毫无生气，甚至会分崩离析。一个国家没有精神，势必停滞倒退，落后就要挨打。从战争中走来的新中国满目疮痍、百废待兴，但骨子里却隐伏着最强烈的复兴动力，人民对美好生活的期盼足以激发出改变世界的强大动力。抗美援朝的胜利，让西方世界不得不重新认识中国；大庆油田的成功开采，彻底甩掉了中国“贫油”的帽子；南京长江大桥的建成，打破了外国专家“不可能”的论断；“两弹一星”的研制，让西方的封锁黯然失色；“蛟龙号”深潜大洋，创造出让人叹服的“中国深度”；高铁技术的吸收、消化和创新，创造了让世界震惊的“中国速度”；歼 –10、歼 –20、辽宁舰、山东舰等一系列“国之重器”的相继列装，展示了不容忽视的“中国力量”；“嫦娥四号”一飞冲天，实现了人类历史上第一次在月球背面登陆；“北斗”系统的最后建成，让中国在天空中不再受制于人；还有“中国天眼”建成使用，量子计算机研制成功，复兴号列车飞驰南北，港珠澳大桥屹立海上，“奋斗者”万米海底深潜探秘，“嫦娥五号”顺利完成探月飞行……抚今追昔，在奋斗中成长成熟的中国人民，在自己选择的中国特色社会主义道路上越走越敞亮，越走越自信。

应该自豪的是，正是基于几十年来的自力更生、艰苦奋斗，坚持不懈地加强工业基础建设，我们才能在今天拥有 39 个工业大类、191 个中类、525 个小类的工业体系，成为全世界唯一拥有联合国产业分类中全部工业门类的国家。完整的工业体系不仅为“中国制造”风行世界奠定了坚实基础，也为我们抵御外部打压风险筑起了一道坚实长城。

当今世界正在经历新一轮的大发展大变革大调整，新生力量不断崛起，世界秩序开始重塑，保护主义、单边主义明显抬头，经济全球化遭遇逆风潮和回头浪。在这一错综复杂的过程中，日益壮大的中国自然成为世界关注的焦点，同时也不可避免地成为美国等大国遏制的对象。

中国的崛起打破了旧有的国际政治经济秩序，同时也激起了一些力量的不安。从 2018 年开始，美国政府为了遏制中国发展，主动挑起贸易摩擦，在关税上层层加码、步步施压，企图压缩中国的国际市场空间，同时在南海、香港、新疆等问题上煽风点火，不断制造麻烦干扰中国发展。为了打压中国高科技产业，美国穷尽各种手段，花样不断翻新。以扣押孟晚舟为开端，先是抹黑、断供和技术封锁 5G 技术领先的华为，后又打着所谓“技术安全”旗号，联合盟友施压各国，努力压缩华为的国际市场空间。再后来更是变本加厉，以所谓“国家安全”为名，出台法案政策，逼迫相关企业断绝与华为的合作，赤裸裸地全方位“围剿”华为。最后，更是随意编造各种“罪名”，把制裁范围扩大到整个中国高科技产业，海康威视、科大讯飞、大疆等一批高科技企业

冬日里的红旗渠（拍摄/彭新生）

被列入出口管制“实体清单”，就连一些知名高校、科研院所甚至个人也不放过。在赤裸裸的利益面前，西方社会奉为圭臬的所谓“自由市场”规则和“法的精神”被弃之如敝屣，连专注于娱乐和社交领域的TikTok、微信也受到针对性打压。严酷的现实已然无情地击碎了我们一些人的幻想，每一个中国人都已经清醒地认识到，在所谓“美国利益优先”政策驱使下，美国对中国的打压绝不会罢休，唯有自力更生、艰苦奋斗才是当下中国破解发展困局的不二选择。

习近平总书记指出，我国仍处于发展的重要战略机遇期，但面临的国际形势日趋错综复杂。我们要清醒认识国际国内各种不利因素的长期性、复杂性，妥善做好应对各种困难局面的准备。最重要的还是做好我们自己的事情。面对急剧变化的国际形势，立足当前我国国情，努力做好我们自己的事情，永远保持清醒的头脑和积极的奋斗姿态，既是对我们战略定力的考验，也是解决当前所有问题的唯一途径。

历史记忆犹新，现实催人警醒。幸福不会自天而降，梦想绝非唾手可得。“从来就没有什么救世主，也没有什么神仙皇帝”，中国人的命运只能由自己掌握，中国人的幸福只能靠自己去奋斗，绝不能寄希望于别人发慈悲、给施舍。尽管我国经济社会发展已经取得了巨大成绩，但长期处于社会主义初级阶段的基本国情始终没有变，不愿看到中国崛起的外部力量依然十分强大，我们在前进的道路上面临的风险考验只会越来越复杂，甚至会遇到难以想象的惊涛骇浪。我们要战胜面前的各种风险挑战，自力更生、艰苦创业的优良传统永远不会过时，团结协作、无私奉献的制度优势永远不能丢掉。正是在这一意义上，习近平同志指出：“红旗渠精神是我们党的性质和宗旨的集中体现，历久弥新，永远不会过时。”

山腰上的中国，奋斗在路上，虽有荆棘羁绊、风雨阻拦，却遏不住“会当凌绝顶”的雄心壮志，挡不住中国人民奋发图强、矢志登攀的坚定身影。经历风雨洗礼的中国会更加强大，中国人民也必然会实现梦想。

“立定愚公移山志，敢教日月换新天。”60年前我们在太行山腰上建成了红旗渠，新时代我们重抖擞再出发，再立一座顶天立地的“山碑”，书写和记载我们的奋斗和我们的梦。

我坚信，这一天终将到来。

拍摄 / 梁雪山

后记

此书缘起于美国打压中兴、华为之际，动笔于新冠肺炎疫情之初，初成于疫情肆虐和美国步步紧逼之下，成稿于全国成功战胜新冠肺炎疫情，经济、社会恢复正常之时。从某种意义上说，此书是应时而作，遇难成形。

人们都说思考是一个痛苦的过程，但只有亲自动手写书后才明白，将个人的思考梳理成文有效呈现出来才是真痛苦。个人的思考只是自己说服自己，属于个人之事，但要以文字形式让别人看明白那就属于众人之事，容不得半点儿跳跃和马虎。且不论驾驭文字的能力是否能得心应手，试图用文字去说服人又何其难也，更何况一万个人心里又何止有一万个哈姆雷特！

我始终认为，书就是让人读的，道理再深奥，也必须让读者尽可能地在愉悦中走进书里，自然地接触和理解写作者的思考，那样才算是基本实现了一本书的使命。如果在此基础上能够激起读者的琴瑟共鸣，进而有所思有所获，那就是一本好书的使命。单纯的说教，强势的灌输，远不及抽丝剥茧的娓娓道来让人进得了门，听得下去，如坐春风。毕竟坐在书对面的都是有血有肉有思想的人，打

太行山秋色（拍摄/寒冰）

动不了人心，何来说服可能？说服是一门艺术，要想润物无声，写作者就必须把自己的思想观点尽量处理得顺当、妥帖，让读者阅读时少有一些晦涩、拗口、粗暴等不悦。对于写作者而言，实现这一目的当然是痛苦的，且对讲故事的能力要求很高，但显然这样的付出是值得的。

写作之初，我曾有过像当年修渠人“二月开工、五一回家”那样的盲目乐观，不仅高估了自己的写作能力，也大大低估了写作的难度，结果断断续续就拖到了十月，中间甚至有过放弃的闪念。但开弓没有回头箭，喝了壮行酒只能硬着头皮走。对于像我这样的业余写作者而言，写出一本拿得出手的书无疑是一个动心忍性的过程。还好大半年的疫情给了我足够的时间和空间，让我在工作之余得以勉强成文。更重要的是朋友们的鼓励和支持给予了我继续写下去的信心和力量，虽然无法逐一列名道谢，但我会在心底默默记着。

虽然自己有主观上的努力，但讲好红旗渠故事还是很不容易，毕竟半个多世纪前发生的事，距离现在的生活还是过于遥远，大量的资料文献需要花费时间精力去消化、甄别、订正。要正确理解当年红旗渠建设者的初心和行动，中间需要跨越时代的隔膜，还有一些主观色彩的干扰。我努力地用理性去思考，用感性去书写，只为更接近一个客观的历史图景，让大家能够毫无障碍地认识一个真实的红旗渠，更清晰地理解红旗渠是如何建成的，更有效地从红旗渠精神中汲取奋斗的力量。

人类社会的发展是螺旋式上升的，但不同时代面临的问题却总有相似之处，有时还有似曾相识甚至是轮回的感觉，何况在思想上、精神上也未必就是后浪拍倒前浪。当美国咄咄逼人强势打压我们之际，我们自然会想起新中国成立初期遭遇的封锁禁运，此时红旗渠精神也更加闪耀出穿透时空的魅力。

人始终是需要精神的，只要他想发展，想进步，想实现梦想。人如此，社会如此，国家亦如此。五千年文明孕育的优秀传统文化，百年抗争铸就的革命文化和社会主义先进文化，已经内化为中华民族奋发图强的强大基因，红旗渠精神就是其中不可或缺的部分。始终坚持自力更生、艰苦创业、团结协作、无私奉献的精神，充分发挥主观能动性统筹利用好一切可以利用的资源优势，坚定地去追逐梦想、实现梦想，这是60年前的红旗渠给予我们的启示，也是我们今后迎接挑战、攻坚克难的强有力武器。

不忘本来，才能放眼未来。自立自信，才能成就未来。作为一个后发现代化国家，我们必须牢牢坚持自力更生、艰苦奋斗，充分发挥后发优势和制度优势，心无旁骛、一心一意做好自己的事，同时也要摒弃心胸狭隘的排外主义和妄自尊大的心理，以更加自信开放的姿态主动学习、借鉴、吸收一切外来文明精髓，利用好、发挥好一切可以利用的资源优势。唯如此，中国才能更加强大、更有韧性、更具活力。

如果读者最后能够毫无滞涩感地看完此书，写作者就功成一半。如果借此加深了对红旗渠的了解，感受到那段艰苦岁月里人们是如何坚定信心、开动脑筋、解决问题，进而对当下中国面临的挑战有所思考，此书就功成大半。如果每个人心中都有了自己的“红旗渠”且越来越清晰的话，那就是写作者的大幸。

愿每个人心里都有自己的“红旗渠”！

参考文献

中共中央党史研究室编写、胡绳主编．中国共产党的七十年 [M]. 北京：中共党史出版社，1991.

中共中央办公厅编．中国农村的社会主义高潮 [M]. 北京：人民出版社，1956.

中共中央党史研究室编写．中国共产党历史：第二卷 [M]. 北京：中共党史出版社，2011.

林县志编纂委员会．林县志 [M]. 郑州：河南人民出版社，1989.

河南省林州市红旗渠志编纂委员会编．红旗渠志 [M]. 北京：生活・读书・新知三联书店，1995.

中共河南省林县县委党史资料征集编纂委员会、河南省林县水利局、河南省林县档案局编．红旗渠 [M]. 郑州：河南人民出版社，1990.

靳德行主编．中华人民共和国史 [M]. 郑州：河南大学出版社，1993.

杨贵．和农村干部谈工作方法 [M]. 郑州：河南人民出版社，1961.

《红旗渠图志》编委会．红旗渠图志 [M]. 北京：世界图书出版公司，2019.

郭海林．红旗渠日记 [M]. 北京：北京图书出版社，2015.

河南省林州市水利史编纂委员会．林州水利史 [M]. 郑州：河南人民出版社，2005.

焦述．红旗渠的基石 [M]. 郑州：河南大学出版社，2017.

白青年．红旗渠劳模任羊成 [M]. 郑州：河南人民出版社，2018.

马福运．红旗渠精神 [M]. 北京：中共党史出版社，2019.

林州市志编纂委员会．林州市志 [M]. 郑州：中州古籍出版社，2004.

郑雄．中国红旗渠 [M]. 郑州：河南文艺出版社，2015.

李金芳、郝顺才．渠魂——修建红旗渠背后的故事 [M]. 北京：人民日报出版社，2018.

郭青昌．人民的红旗渠 [M]. 郑州：河南人民出版社，2019.

新华通讯社河南分社．守望 [M]. 郑州：河南人民出版社，2012.

〔美〕戴维・艾伦・佩兹．黄河之水——蜿蜒中的现代中国 [M]. 北京：中国政法大学出版社，2017.

王全书．杨贵的可贵之处 [N]. 河南日报，2019-2-20.